学校にさわやかな風が吹く

新米校長の愉快な学校づくり

千葉保

太郎次郎社

学校にさわやかな風が吹く

新米校長の愉快な学校づくり

千葉保

太郎次郎社

はじめに

いま、学校教育は「混迷」と「改革」の真っただなかにあります。

不登校、いじめ、学級崩壊、受験戦争、学びからの逃走、援助交際、麻薬、少年犯罪の急増などの問題が山積し、いずれも有効な解決策を見つけられずに学校教育は「混迷」している状況があります。新聞にこれらの話題が載らないことがないほどですし、書店にはこれらの暗い状況を記述した本が並んでいます。要するに教育が成立しにくくなってきた、という状況です。

また一方、「混迷」を打ち破るべく、日本全体が二十一世紀の教育に向け動きだそうとしています。二〇〇二年に向けた新学習指導要領による「生きる力」の育成を中心とした教育改革の流れです。肥大化した教育をスリム化し、「教える」ことからみずからの「学び」の構築へ、シフトチェンジしようとしています。

このような学校教育の状況のなかで、小学校校長の辞令をもらいました。赴任するにあたり山積する課題にどう立ち向かうのかいろいろ悩みました。そして、みずからに課すいくつかの基本線をつぎの三点に置くことを決意しました。

第一は、学校を子どもたちが何よりも好きになれる場にしようということです。理屈ぬきに学校が楽しい、学校に行きたいと思える「ゆかいな場所」にしたいと願いました。そして子どもたちだけではなく、先生たちにも、保護者や地域のみなさんにも、同じ思いを持ってもらえる場所にしたいと考えたのです。学校の再生があるとしたら、これが原点になるし、これぬきには再生はありえないと思うのです。

第二は、地球市民を育てようと思いました。世界の人びとと仲良くつながって、自然とも共生し、豊かな二十一世紀を築いてほしいと願ったからです。地球市民とは英語が話せる子どもたちをつくるということとは少し違います。たとえ言葉はできなくとも、素直な心で世界の人と友達になり、みんなのしあわせを考えていく心を持った人に育ってほしいと考えたのです。

第三は、創意工夫ある弾んだ授業にチャレンジする先生たちを育てたいと思いました。ややもすると固定観念に縛られてしまい創造する心を忘れてしまいます。創造心旺盛な活気ある職場にしたいと思ったのです。そのために先生たちといっしょに自分も授業し、またいろんな人を学校に招き、知恵をもらい発想を豊かにしようと考えました。

こうした思いで取り組んだ一年半の学校の断片をまとめました。はたして学校教育の再生の一歩を踏みだせたのか、学校が子どもたちにとって大好きな場になったのか、みなさんにご批評いただけるとさいわいです。

目次

新しい出会いは皿回しから

新米校長として海の見える丘の小学校に赴任しました。児童数は二百三十名の小規模校です。広域人事で他市への異動だったので、初めて見る学校への転勤でした。

今朝は子どもたちと初めて顔を会わせる始業式です。お決まりの挨拶だけではアピール度がたりないなと思い、少し常識はずれかなと思いながらもパフォーマンスすることに決めました。

体育館では子どもたちが、どんな校長先生が赴任してきたのか興味津々見つめています。かんたんな自己紹介をしたあと、

「みんなにプレゼントを持ってきたよ」

と言いながら、買い物袋からおもむろに植木鉢のプラスチック受け皿を取りだしました。

「なあんだ、植木鉢の下に敷く皿じゃないか」

「めずらしくないよな」

子どもたちは期待外れといった表情です。

「これだけじゃないぞ。これもあるぞ」

竹の細い棒も取りだしました。

「あっ、皿回しやるんでしょ」

「そう、できる？」

「できない！」

「じゃ、やってみるよ。できるかな？」

と言いながら、皿を回しはじめました。竹の棒を高くかかげると、皿がクルクルと回転します。ゆっくりした回転がだんだん速くなっていきます。

「すごい。私もやってみたい」

という叫び声や大きな拍手がわきました。先生たちも驚きながら拍手しています。

「みんなにこの皿回しのセットを五つプレゼントします。校長室に置いておくから、休み時間に遊びにおいで。手や指を使うと頭がよくなるんだよ」

といって、初めての挨拶を終えました。

休み時間になると、たくさんの子どもたちがやってきました。廊下や校長室からドタン、バタンと皿の落ちる音が響きわたりました。一応のやり方を説明して、あとは子どもたちの粘り強さにまかせます。

皿回しは勉強と似ていて、努力した人はだれでもできるようになりますが、口先だけでトライしない人は永久にできません。子どもたちの姿を微笑みながら見ていました。子どもたちは、棒のうえで皿が二〜三回も回転すると目を輝かせます。

二日目には、「できたあ」と喜んで見せにくる子がでてきました。三十秒間回せていたら、「免許皆伝の賞」をあげることにしました。


二週間後の朝会で、「陽のささない畑を陽の当たる畑に変えようと、みんなに馬鹿にされながらも二十年ものあいだ、こつこつ山をけずった古代中国の愚公の努力の話」をしました。そして、「愚公さんのように一生懸命努力した子どもたちを紹介します」といって、免許皆伝になった子どもたちに皿回しをやってもらいました。しばらく拍手が鳴り止みませんでした。

皿回しは別の効果をもたらしてくれたのです。校長室を訪れる子どもたちの口から、彼らの悩みや相談や情報が飛びだすようになったのです。

「ウチのクラスの先生ね、宿題が多すぎるんだ。家へ帰ってすぐやるけど寝る時間まで終わらないの。お母さんにいつものろまねって叱られてしまう」

「へえ、そんなに多いんだ」

「そう、大変なんだから……。校長先生も手伝ってよ」

「じゃあ、わからないのがあったら校長室においで。いっしょにやろう」

＊

「私ね、ペルー国籍なの。お父さんもお母さんも日本語は少ししか話せないから、学校からのお便りもらったとき、私がスペイン語に通訳しているんだよ」

「えらいなあ。校長先生にもスペイン語教えてよ」

「いいよ、ときどき来てあげる」

＊

「きのう、高ちゃんと悠ちゃんがけんかしたんだよ。ほうきとりあってけんかするなんてばかみたい」

「掃除用具が少ないのかな?」

「ちがうよ。早くいって掃除用具を取って、いちばん楽な掃除をやりたいんだよ」

「ああ、そうか。頭いいな」

「だめだよ、そんなことで感心しちゃあ」

＊

「ぼくのお父さん入院してるんだ。明日、手術だけど大丈夫かな。ぼく心配してるんだ」

「心配だね。病院へはだれが行ってるの?」

「お母さんが行ってるから、ご飯はおばあちゃんちで食べてるんだ」

「心のなかで一生懸命祈ってれば、きっと大丈夫だよ」


子どもたちは皿回しをとおした触れあいで、なんでも話せる相手だと認めてくれたようです。どの子も出会うと微笑んでくれるようになりました。子どもたちとの連帯はこうして始まりました。

先生たちとの約束

着任の挨拶では、先生たちへつぎのような話をしました。

「いままでの学校は、教科書を教える。どこまで理解したかテストする。評定してレッテルをはる。といった流れを仕事だと信じて繰り返してきたのではないでしょうか。しかし、小学校に通う子どもたちは、六歳から十二歳までで、まだいくらも人生を経験していないのです。そんな子どもたちを学校は、ややもすると自信喪失させてしまうことが多々あったのではないでしょうか。

学校の存在意義は、子どもたち一人ひとりに、これから長い人生を生きぬいていく自分に対する自信の核を育ててあげることにあると思います。これこそが私たちの仕事なのではないでしょうか。子どもたち一人ひとりが、『ナンカ私はすてきらしいぞ』『オレはこれには自信があるぞ』『この勉強は大好き』、そんな思いが持てるようになってくれたらと切に思います。

私の好きな作家の井上ひさしさんの書斎にこんな言葉が貼ってあるそうです。

むずかしいことをやさしく
やさしいことをふかく
ふかいことをゆかいに

彼のすばらしい作品はこの信念から生まれたのですね。

学校の授業も、このようにできたらなんとすばらしいことでしょう。『むずかしいこと』を『やさしく』教えようと努力する先生は多くいます。その『やさしく』に『ふかさ』を加えて、そのうえさらに、『ゆかいに』のレベルにまで授業を引きあげることは並大抵のことではありません。でも、それにあこがれて努力していけば、いつかはそのレベルに達することでしょう。

『ゆかいに』が充満する学校をめざして、いっしょにやっていきましょう」

自分の信念を話したのですが、先生たちからは残念なことにこれといった反応はありませんでした。初対面だから感情を出すことを抑えてくれたのでしょうが、最初は少しがっかりしたスタートでした。

先生がたの平均年齢は三十代後半で、比較的若い集団です。どの先生もまじめで、ていねいな仕事ぶりです。とても好感が持てました。一つたりないと感じたのは、冒険をしないことかなと思いました。教科書を中心にした授業が多く、自分のオリジナリティを前面に出す先生が少ないかなといった印象を持ちました。

いまは教育の変革期です。さまざまな試みが求められています。いっしょに新しいことにチャレンジしようとする仲間を育てようと思いました。

数週間たつと、何人もの先生が、

「子どもたち、皿回し楽しそうですね。あんな手法もあるんですね。びっくりしました」

「井上ひさしの言葉、いいですね。ぼく、暗記しました」

「校長先生のお話は一つも他人の真似はないし、自分の言葉で話されるので、楽しみに聞いていますよ」

と話してくれました。

それぞれ感じてくれていたのですね。うれしくなりました。

一年生を気づかう六年生

雨に煙る桜の下を、入学式を終えたピカピカの一年生がお母さんやお父さんといっしょに帰っていきます。

「今年の一年生は元気でエネルギーがありそうですね」

担任の岡本先生が話しかけました。ちょうど、六年生たちが通りかかったので、

「明日からの集団登校よろしくね」

と声をかけたら、

「大丈夫、まかしといて！」

頼もしい返事が返ってきました。

本校では一年生が登校に慣れるまでの四週間ほど、近所の子どもたちがいっしょに登校する集団登校を実施しているのです。

翌朝、桜の花びらが風に舞うなかを、集団登校のグループが登校してきます。登校指導に立つ私のまえを、一年生の手を引いて緊張した表情の六年生を先頭に登校班の子どもたちが登校してきました。上級生に手を引いてもらってにこにこ顔の一年生、照れくさそうな上級生、微笑ましい光景が続きます。

「おーい、待ってくれよう!」

後ろからやってきたグループから大きな声がしました。六年生が駆けだす一年生を追いかけています。どの子も笑顔が弾んでいました。

中本先生が、六年生の集団登校の感想を持ってきてくれました。

★始業式の日、家で昼のラーメンを食べた。お母さんが「明日から集団登校だろう。あんたが班長だと心配だね」と言った。ぼくはおこって「きちんとできるよ」といった。

★集団登校の前の日、あしたくる一年生に集団登校のことを話しにいった。「ピンポーン」「はーい」。一年生のお母さんが出てきた。どきどき、どきどき、きんちょうした。言葉をつまずきながら話した。

★朝、みんな集まる。新一年生、来た、来た。でも、何だか不安そう。今日は雨の日、ピカピカの長ぐつはいて、ピチャピチャ歩いてくる。これからも元気に学校に来てね。

★雨、かさ重そう。一年生は、「坂がにがて」といってなかなか進まない。
★新一年生がはいってきた。名前は「たかし」くん。雨が降っている。水たまりがいっぱいあってすべりそう。後ろの一年生、すべるかなあ。すこし後ろを見た。
★げたばこの前で一年生が急になき出した。私たちは、どうしたらいいのかわからなかった。とにかくコートをぬがして上ばきにとりかえた。そしたら「ニコ」、私の方を向いて笑った。私も「ニコ」、笑いかえした。一年生ってかわいい。

最高学年となった六年生の肩に集団登校はずっしりと重い責任がかかっていることが伝わってきます。緊張と不安と、それにうれしさをも同居させて六年生は頑張るのですね。「すてきな作文ですね。集団登校の六年生の緊張がよく伝わってきますよ。このような責任感が六年生を大きく育ててくれるのですね。六年生にご苦労さんと話してください」

中本先生にお願いしました。中本先生は臨時的任用職員で育児休業を取っている先生の代わりです。国語や家庭科を教えています。作文教育に熱心で、子どものつぶやきや感性を大切にしてていねいな指導をしています。子どもたちの心のありようがよく見えてきます。このように子どもに寄り添う先生がたくさんいてくれたらと思います。

集団登校にもドラマがありますね。

砂に埋めたお弁当

一・二年生といっしょに遠足に出かけました。

遠足といっても、一学期それも入学して間もないので、海岸線をとなりの学校の近くまで歩くだけの距離ですが、それでも一年生はリュックをいっぱいにしています。

「校長先生、お菓子持ってきた？」

「お弁当はあるけど、お菓子は忘れたな」

「じゃあ、ボクのあげるね」

一年生の列の最後尾についた私に、何人も大盤振る舞いを約束してくれました。

三十分も歩くと、列はぐっと長く伸びてしまいます。そのたびに二年生が待っていてくれます。

〝遠足の　おくれ走りて　つながりし〟という虚子の句と同じ光景が続出しました。給食の共同調理場を見学してから、いよいよ海岸に降りました。さあ、お弁当です。

「校長先生、いっしょに食べよう！」

誘われて十人の一年生と食べることになりました。サンドウィッチ、おにぎり、おいなりさん、カッパ巻きなどなど、それぞれお母さんが腕によりをかけた力作のお弁当が並びます。

「わあ、おいしそうだなあ」

「これあげる」

「じゃあ、交換しようね」

と、みんなと取り換えっこをしました。こんな瞬間はみんな笑顔ですね。

「ボク、遊んでくる」

食べ終えたケンちゃんが波打ちぎわに走りました。

「わたしもいくう」

ユミちゃんも後を追いました。

「荷物は見ててあげるから遊んでおいで」

と言うと、みんな駆けだしていきました。

ふと見ると、横に座った光彦君がじいっとお弁当をながめてため息をついています。

「どうしたの、遊びに行かないの？」

と聞くと、目から涙がこぼれ落ちました。返事をしないまま、お弁当は風で飛んでくる砂にまみれ

ていきます。しばらくして話してくれた彼の悩みは、

「心をこめて作ったお弁当だから残さず食べてくるのよ」

というお母さんのひと言でした。おなかは一杯になったのに、まだ残っているのです。涙が頬をぬらします。

「よし、アリさんたちに手伝ってもらおう」

砂に穴を掘りました。お弁当の残りを穴に埋めました。

「あとはアリさんが食べてくれるよ」

パッと笑顔になりました。お弁当を片づけると、一目散にみんなのところへ飛んでいきます。

なにげない親の言葉が、子どもの心に大きな影を落とすのですね。まじめでやさしい子ほどその傾向が見られます。お母さんも少し考えてみる必要がありそうですね。

海で楽しく遊んだあと、帰りの支度をしました。ユウくんは波にパンツまでぐっしょり濡れています。

「着替えは持ってるの？」

「うん、持ってきた。でも……」

もじもじしています。人前で裸になるのが恥ずかしいのです。

「あの、ボートの陰なら大丈夫だよ。着替えておいで」

喜んで走っていきました。

「足にからまって脱げない」と、また戻ってきました。

せっかくボートの陰に隠れたのに、とうとうみんなのまえでヌードになりました。みんな平気です。

「あとは自分でやる」

濡れたパンツを脱がせてやると、自分で着替えをしました。このさい、シャツが後ろ前になったのはよしとしましょう。

こうして遠足は、楽しく無事に終わりました。


つぎの日から光彦君が毎日、校長室を覗くようになりました。お話ししたり、皿回しに挑戦したりして帰っていきます。なにごとにも慎重な彼も、私を「友達」と認めてくれたようです。

横なぐりの雨の朝に、レインコートの光彦君が顔を出しました。

「来る途中に、少しおもらししちゃった」

情けなさそうに小さい声でつぶやきました。

「大丈夫。いっしょに着替えよう」

トイレできれいにして、保健室から担任の先生が借りてくれたパンツにはきかえました。ニコッと微笑んで教室に行きました。

学校になんでも相談できる人が一人いたら子どもたちは心強いのだろうなと思います。ふと、ラグビーのこんな言葉を思い出しました。

〝一人はみんなのために。みんなは一人のために。〟

校長もこれだなと思いました。

子どもたちから説教されてしまった！

出前授業でクラス訪問①

「チューインガム一つ」という子どもの詩を持って三年生のクラスを訪問しました。これは灰谷健次郎さんの『わたしの出会った子どもたち』という本に載っている村井安子ちゃんの詩です。

三年生はにこやかに迎えてくれました。

チューインガム一つ

三年　村井安子

せんせい　おこらんとって
せんせい　おこらんとってね
わたし　ものすごくわるいことした

わたし　おみせやさんの

チューインガムとってん
一年生の子とふたりで
チューインガムとってしもてん
すぐ　みつかってしもた
きっと　かみさんが
おばさんにしらせたんや
わたし　ものもいわれへん
からだが　おもちゃみたいに
カタカタふるえるねん
わたしが一年生の子に
「とり」いうてん
一年生の子が
「あんたもとり」いうたけど
わたしはみつかったらいややから
いややいうた

一年生の子がとった

でも　わたしがわるい
その子の百ばいも千ばいもわるい
わるい
わるい
わるい
わたしがわるい
おかあちゃんに
みつからへんとおもとったのに
やっぱり　すぐ　みつかった
あんなにこわいおかあちゃんのかお
見たことない
あんなかなしそうなおかあちゃんのかお見たことない
しぬくらいたたかれて
「こんな子　うちの子とちがう　出ていき」

おかあちゃんはなきながら
そないいうねん

わたしは　ひとりで出ていってん
いつでもいくこうえんにいったら
よその国へいったみたいな気がしたよ　せんせい
どこかへ　いってしまお　とおもた
でも　なんぼあるいても
どこへもいくところあらへん
なんぼ　かんがえても
あしばっかりふるえて
なんにも　かんがえられへん
おそうに　うちへかえって
さかなみたいにおかあちゃんにあやまってん
けど　おかあちゃんは
わたしのかおを見て　ないてばかりいる

わたしは　どうして
あんなわるいことしてんやろ
もう二日もたっているのに
おかあちゃんは
まだ　さみしそうにないている
せんせい　どないしよう

「変なおかあさんだねエ、泣いてばかりいるなんて……」

と言ったら、

「そんなことないよ、いいお母さんだよ」

と子どもたちは言い張ります。

「あのね、自分の子が盗みをしたから悲しくて泣いてるんだよ」

「えっ、安子ちゃん何か盗んだの？」

「チューインガム一つとったんだよ」

「一年生の子ととったの」

「でも、『わたしはみつかったらいややから　いややいうた』と書いてあるよ」

「でも、一年生の子にとらせたから悪いんだよ」

「そうか、泥棒したのかあ」

「そう、すごく悪いことをしたからお母さんが泣いてるんだよ」

たくさんの子がお母さんの心を説明してくれ、とてもいいお母さんだと話してくれました。

「そうか、でも、安子ちゃんは魚みたいにあやまったし、死ぬほどなぐられたよ。すごく反省してるからもう泣かなくていいじゃん」

「信じてた子どもに裏切られたから悲しいんだよ」

「かわいがってたのに泥棒されてつらいの」

と、みんなでこれでもかと説得してきました。

「そうか、お母さんは子どもが泥棒すると死ぬほど悲しいのかア。じゃあ、安子ちゃんはどうしたらいいの？」

「もう絶対しちゃダメ！」

「お母さんにあやまって、もう二度としないの」

と全員が答えました。

「でも、みんなのお母さんは子どもが泥棒したくらい平気だよね」

といって顔を見回すと、真剣な表情で、

「安子ちゃんのお母さんと同じだ！」

と叫びました。

「ほんと、だってみんなもコンビニでお菓子取ったことあるでしょ？　内緒にしてあげるからほんとのこといっていいよ」

「ぜったい、やったことない！」

「私たちそんなことしないけど。あっ、校長先生あるんでしょう」

鉾先は私にむかってきました。

「じつは、六年生のときに畑からイチゴを盗んで食べて見つかってしまったんだ」

「あっ、悪いんだあ」

「ねっ、どうしたの。教えて」

「恥ずかしいからいやだなあ」

「だめ！　ちゃんと教えて。安子ちゃんみたいに反省して」

「じゃあ、聞いてくれる。休み時間にみんなでドッジボールしてたらボールが転がって学校のまわりを流れている川に落ちちゃったの。取ってくるといって学校を出てボールを追いかけて、やっとボールを取ったら、まわりはなんとイチゴ畑だったの。イチゴがおいしそうだったので、みんなでつまみぐいして口を真っ赤にして学校に帰ったの。つぎの日もわざとボールを川に落として、ボールを取ってくると昨日の悪ガキ五人で学校を出て、イチゴ畑でボールを取ると、またイチゴを食べたの。悪いことは長続きしませんね。畑のおじさんにつかまってしまって、学校にも電話されて、校長先生にも叱られて、担任の先生は泣きながら私たち悪ガキのホッペをぶったの。ごめんなさいもうしませんと心に誓ったよ」

「悪いなあ。もうやっちゃやめだよ」

「はい、もう絶対しないからね。みんなも安子ちゃんみたいにお母さんを泣かすのはやめようぜ」

「もちろん」


三年生のクラスでは、子どもたちから説教されて帰ってきました。

フィンランドのティーナ先生来たる

ムーミンの国・フィンランドからティーナ先生がやってきました。彼女はヘルシンキ近郊の小学校の先生です。日本に興味を持ち、日本語の勉強も続けてきた人です。紙版画を学びたいと、二回ほどわが家に滞在したことがありました。

今回はフィンランドの小学校の六月からの二か月の夏休みを利用して、日本で生活しながら研究テーマである道元の勉強をしようとやってきたのです。

「わが家に泊まって、鎌倉散歩しようよ。ついでに私の小学校で子どもたちに授業をしない」

「うん、いいよ。だけど一つ条件がある。忠臣蔵のビデオが見たいから借りてきて」

こんな国際電話があって、いよいよティーナ先生が学校にやってきました。

朝、ティーナ先生と学校に着くと、子どもたちが興味深く見つめてきます。

「校長先生、外国人の恋人いたの?」。洋子ちゃんがささやきました。

授業してもらう五年生ははしゃいでいます。教室にはいると、みんなの目がティーナ先生に釘づけになりました。

「フィーバ　フオーメンタ！」

まず、おはようの挨拶を教えてもらいました。つぎは一人ひとりと握手しながらのご挨拶です。

「フィーバ　フオーメンタ！　ティーナ　マルミ」

「フィーバ　フオーメンタ！　ヒロシ　モリタ」

赤くなりながら宏君が挨拶し握手しました。つぎの美知子ちゃんは、はらはらしながら見ています。

「フィーバ　フオーメンタ！　ティーナ　マルミ」

「フオーメンタ！　ミチコ　ヨシダ」

クラス全員にどきどき体験が続きました。

＊

「みなさん、タリアという名の子どもがいます。さて、男の子？　女の子？」

つぎは、フィンランドの学校の子どもたちの名前のカードを引いて、男の子か女の子か当てるゲームをしました。タリアは、女の子の名前でした。

「ヨルマは男の子だな」

「でも、キルシって子は、どっちかわからない」

これも子どもたちには楽しい体験でした。

＊

ティーナ先生はつぎにロープを持ちだしました。子どもたちは一人ひとりロープを縦にして握りました。

「私がグーを出したらロープを放し、パーを出したらロープを握ってください」

小グループで挑戦します。まちがった反応をしたら抜ける、勝ち抜き戦に子どもたちは熱中しました。

＊

フィンランドの子どもの好きなお菓子をもらって食べた子どもたちの顔は驚きに変わりました。

雪子ちゃんはこんな感想を書きました。

「フィンランドの子どもたちって味覚がぜんぜん違う。超にがいお菓子だった。今度は梅干し食べさせるぞ。握手しながらの自己紹介は、とっても恥ずかしかったです。でも、いろんなことを教わってとっても楽しかったです」

先生も子どもたちも楽しいどきどき体験でした。どきどき、はらはらから国際人が生まれてくるのですね。

ティーナ先生が教えているヘルシンキ郊外の中都市では、財政難から先生の数の削減を言いわたしたそうです。組合で反対したけどラチがあかず、四月から、半分の先生が勤務して半分の先生が自宅待機、五月は、勤務と自宅待機を交換するという状態が続いているそうです。フィンランドでは、教員の給料は市が全部支払うのだそうです。したがって、裕福な都市はいままでと変わらずに教育を続けているということです。

「市の財政が大変だと、影響がすごいよ」

という彼女の言葉に、一か月交替でしか先生ができない苦渋がにじみ出ていました。ボーナスをカットされる私たちにもその苦労は十分にわかります。日本も人ごとではありませんね。

「忠臣蔵見ようか」

「うん、見たい」

しめっぽい話からビデオにしました。しかし、切腹のシーンでは二人とも涙をあふらせ、討ち入りのシーンでは二人ともこぶしを握りしめます。

「これ見てると、私、日本人の心がよくわかる。私も日本人の心持ってるよ」

ティーナ先生は、こんな先生でした。

朝会は笑いとともに

毎週、月曜日は朝会の日です。朝会といっても生活朝会、児童朝会、音楽朝会、体育朝会とさまざまな朝会があります。児童会が中心に運営するのが児童朝会、音楽委員会が中心になっていっしょに歌ったり踊ったりする音楽朝会、体育委員会が中心になって長縄飛びなどに挑戦するのが体育朝会です。生活朝会は校長や先生からのお話の時間ですが、毎回、校長が話すというのではなく、先生がたも順番を決めて話すようにしています。だから、私が話すのは二か月に一回程度ということになります。それで朝会を大切にしなくてはいけないと思いました。どんな話をしたのかいくつか紹介します。

〈すばらしい人、嘉蔵さん〉

「四国の愛媛県の宇和島というところに嘉蔵さんという人がいました。時は幕末で、みんなの教室から見える東京湾にアメリカのペリーさんが率いる四隻の黒船がはいってきた頃の話です。嘉蔵さんはちょうちん張り替えの仕事をしていました。とても器用な人だったので、嘉蔵さんのちょうちんは人気があったそうです。その嘉蔵さんが宇和島の殿様に呼びだされました。びっくりしてお城に上がった嘉蔵さんが殿様に頼まれたのは、黒船を造ることだったのです。ペリーの黒船を見た宇和島の殿様は、あれに乗って参勤交替したらかっこいいだろうなと思ったのです。そして、長州藩出身のオランダ語を勉強した村田蔵六さんというお医者さんを雇って黒船のボディ造りを頼みました。しかし蒸気で走る黒船はボイラーが肝心でした。ところが、だれもわかる人がいませんでした。器用な嘉蔵さんならなんとかするだろうと思って呼びだされたのです。のんきな話ですね。嘉蔵さんはびっくりしました。見たこともないものを造るのです。

さて、どうなったと思いますか？　嘉蔵さんは勉強して何度も失敗しながらもボイラーを造りあげました。宇和島湾で試運転になりました。嘉蔵さんが造ったボイラーは、小さな舟につけるボイラーでした。村田蔵六さんが造ったのは百人も乗る大きなボディだったのです。湾のなかをよろよろ進んだ舟は波がくるとなかなかまえに進みませんでした。こうして宇和島の殿様の夢はかないませんでした。やがて嘉蔵さんのことは忘れられてしまいました。嘉蔵さんはいま、宇和島市の西江寺に眠っています。私は嘉蔵さんてなんてすごい人なんだろうと思いました。宇和島に行ったら嘉蔵さんのお墓にお花を供えて、すばらしい仕事をしましたね、感激しましたと話しかけたいと願っています。嘉蔵さんてすごい人でしょ」

この話のネタは、司馬遼太郎さんの講演集で読んだものです。

「見たこともないものを作るなんてすごいね、校長先生！」

四年生が話しかけてきました。子どもたちも、嘉蔵さんてすごい人だねと印象に残ったのでしょう。将来、投げ出さないで仕事に工夫し没頭する人が増えると楽しいなと思ったのです。先生たちにも好評でした。

〈初恋は恐怖のカレーの思い出〉

六年生の女の子に「初恋はいつだったの？」と聞かれました。そこで、「今度の朝会のときに初恋の話をするね」と約束しました。

「きょうは先生の小学校時代の話をします。先生は悪い子でした。小学校の六年生のときに担任の女性の先生にほっぺをおもいっきり殴られました。なぜかというと、休み時間にみんなでドッジボールしてたらボールが転がって、学校のまわりを流れている川に落ちてしまいました。取ってくるといって学校を出てボールを追いかけました。やっとボールを取ったら、まわりはなんとイチゴ畑でした。真っ赤なイチゴがおいしそうに実っていました。みんなでつまみぐいして口を真っ赤にして学校に戻りました。つぎの日もわざとボールを川に落として、ボールを取ってくると、きのうの悪ガキ五人で学校を出ました。そして、イチゴ畑でボールを取ると、またイチゴを食べたのです。つぎの日も、つぎの日も。しかし、悪いことは長続きしませんね。畑の持ち主のおじさんにつかまってしまったのです。学校にも電話されて、校長先生にも叱られて、担任の先生は泣きながら私たち悪ガキのホッペをぶったのです。ごめんなさい、もうしませんと心に誓いました。悪いことはできないね。

そんなとき、北海道の函館からかわいい女の子が転校してきました。女性を見てドキッとしたのは初めての経験でした。ちょうど私のとなりの席が空いていたので、彼女はとなりの席になりました。それから毎日、心ときめいて学校へ行きました。給食の時間にカレーライスが出たときです。彼女がそっと囁いたのです。

『私、豚肉がだめなの。内緒で食べてくれない？』

いまでもみんなカレーが大好きでしょ。その頃の子どもたちもカレーが一番の人気メニューだったんだよ。だから先生は当然ＯＫしました。それからカレーが出るたびにお皿に豚肉を入れてもらいました。にかにかでした。でも、大変なことが起こったのです。まえに話した悪ガキ五人組は、つぎの冒険を考えていたのです。町のはずれにある屠殺場に肝試しに行こうということになったのです。忍び込んだら、ちょうど休み時間なのかだれもいない屠殺場にはいってびっくり仰天。裸に剝がされて血だらけの豚が天井から何匹もぶら下がっていたのです。みんなギャーと叫んで逃げだしました。もう豚肉なんか食べられないとみんな思ったのです。ところが、つぎの日の給食はなんとカレーライスでした。大好きな彼女がにっこり微笑んで豚肉を入れてくれます。先生はどうしたと思う？　目をつぶってカレーを食べました。おなかから気持ち悪いのが込みあげてきます。夢中でトイレに駆けこみ吐きました。悪ガキみんな吐きにきました。それから、カレーライスは恐怖の給食になったのです。でも、大好きな彼女はまたすぐ転校していきました。悲しいやらほっとするやら、こんな小学校の思い出があります。みんなもいろんな思いで学校に来てることでしょう。いろんな体験をして、思い出をたくさんつくってくださいね」

「校長先生って悪い子だったんだね」

「すみません」

二年生にこう言われてあやまりました。

「カレーの女の子とは、その後どうなったの？」

六年生の何人かに聞かれました。

同窓会で再会したのは三十年もたってからでした。初恋は思い出にしておくのが一番だなと思いました。

〈馬と犬と猿と人間、寿命の話〉

「宮城県小野田町というところで民話を聞きました。とっても上手な語り部のおじいさんから民話を聞いて感動したから、みんなにもお裾分《すそわ》けしてあげるね。『寿命』という題のお話です。

昔むかし、神様も人間も動物もみんなでくらしていました。神様は、最近みんなでれーっとしているのが気になってしかたがありませんでした。なぜだろうと考えた神様は、そうかと気がつきました。みんな寿命がなくいつまでもだらだら生きているからでれーっとしているんだ。よしみんなに寿命を作ってやろう。そして、みんなに、『おーい、明日の朝みんな私のところに集まれ！　いいもの作ってあげるからな』と叫びました。

つぎの日の朝、いちばん早くやって来たのは馬でした。『神様、いちばん先にやってきたから寿命ってものおらにけらいん』『待て待て、みんな来るまで待ってろ』。つぎに犬がハアハアいいながらかけてきました。『神様、寿命ってものおれにもけでけろ』『待て待て、みんな来るまで待ってろ』。つぎには猿がヒョコヒョコしながらやってきました。『神様、寿命ってものおれにもけでけろ』。最後にやってきたのが人間でした。テレンコ、テレンコしながらやってきました。神様はみんなの顔を見回すと、おごそかにこう言いました。

『みんな寿命がないからいつまでたっても死ぬことがなくて、それででれーっとすごしている。もっと緊張感を持って暮らせるようにみんなに寿命を決めてやろう。三十歳でどうだ』

みんなお互いに見つめあっていましたが、馬が手をあげました。『神様、おらは毎日重い荷物を馬車に載せて汗かきながら生きているんだ。おらには三十歳は長すぎる。半分にしてけろ』『そうだな。じゃあ、半分にするがあ。だれか馬の十五歳をもらってけるやついねえが』。だれも答えません。人間だけが関係なさそうに空見たりしてたんだと。『人間、おまえがもらえ！』。こうして人間の寿命が三十歳から四十五歳になりました。

『神様、おれもしっぽ振ってあいそふりまいて生きてるのに三十歳は長すぎるから十歳減らしてけろ』。犬がお願いしました。『そうだな。じゃあ、減らすがあ。だれか犬の十歳もらってけるやついねえが』。だれも答えません。人間だけが関係なさそうに空見たりしてたんだと。『人間、おまえがもらえ！』。こうして人間の寿命が三十歳から五十五歳になりました。

『神様、おれも猿真似しながらあいそふりまいて生きてるのに三十歳は長すぎるから十歳減らしてけろ』。猿がお願いしました。『そうだな。じゃあ、減らすがあ。だれか猿の十歳もらってけるやついねえが』。だれも答えません。人間だけが関係なさそうに空見たりしてたんだと。『人間、おまえがもらえ！』。こうして人間の寿命が三十歳から六十五歳になりました。

『よし、これできめだぞ！　もう変更はしないぞ』。こうして寿命が決まりました。これからです、人間が三十歳過ぎると四十五歳まで馬車馬みたいに働かなくてはいけなくなったのは……。五十五歳までは犬のようにしっぽを振って上の人につかえなくてはいけなくなりました。五十五歳からはとなりの家が新築すると、『うちも新築しなくっちゃ』と猿真似するようになりました。こうして六十五歳でやっと寿命がくるようになるんだよ。六十五歳より生きている人は一生懸命生きてきたから、神様がごほうびくれてんだと。年金もだから六十五歳からもらえるんだ」

こんな話でした。「先生はこの話を聞いて、なるほど馬からもらったから馬車馬みたいに働くんだと思い納得しました。みんなのお父さんもお母さんも馬からもらったから馬車馬みたいに働いているんだね。先生はいま、犬からもらった年を生きています。やっぱりいろんなものにしっぽを振ってるかな。みんなは人間の年を生きているんだね。すぐ、馬や犬や猿の年を生きなくっちゃいけないから、いまのうちに人間を楽しんでくださいね」。

「納得したなあ。そうだったのかあ」。先生たちが大いにうなずきました。

「校長先生、寿命の話をうちで話してあげたあ。お母さん、笑ってうなずいてたよ」。五年生の香織ちゃんが教えてくれました。

校内研究のテーマは群読学習

校内研究には実績のある学校でした。なんども公開研究会を開催して好評を得てきました。校内研究には全力投球しており、最年長の先生がみんなをグイグイ引っ張っていました。

最近は、「表現」を研究課題にして、全員が授業を見せあうことを原則に、詩の授業研究や音楽表現の授業研究をやってきています。今年度は、「群読」にスポットを当て、〝共に学びをつくる群読学習〟というテーマになりました。

研究推進委員会は週一回ほど開かれます。研究テーマや年間計画の提案、授業研究の指導案の細かな内容まで検討します。

「まずはじめに、全員が群読とは何か参考文献などを読んでレポートを書いて読みあうことをやりましょう」

「えっ、私は群読の本を持ってないわ。すぐ買わなくっちゃ」

「一人ひとり、勉強してみるのが一番よねえ」

話し合いが続いていきますが、

「よく知らない者同士がレポートを書いても空中戦になってしまいがちだから、群読の第一人者のかたを学校に招いて、子どもたちに授業をしてもらったり、お話をうかがったりして群読のイメージを共通に持ちましょう。それから授業研究を始めたら……」

と提案して、賛成してもらいました。

「校長先生、いい人探してくださいね」

「だれかこの人を呼んでほしいという人はいないの？」

「最初だから校長先生にお任せします」

私が講師を探すことになりました。

群読は、一つの作品をときには一人で、あるいは数人で、または大勢で分担して読む朗読です。群読はその前提として読み手同士の話し合いが要求されます。子どもたちが群読を作りあげていくとき、そこには、いくつもの教育効果が生まれます。「学びあい」「響きあい」「聞きあい」などです。その過程には、一斉授業では見られない話し合いや、一人ではとうていできない表現を生みだし、他を認め同調するような一つ一つの活動が子どもたちのなかに成立します。群読は、ただたんに国語の力としての音声言語力を高めるだけでなく、よりよいものを創造するという目的にそった子どもたち同士のかかわりあいをとおして、人間形成や集団形成上に大きく寄与するものと思います。群読こそ、一人ひとりの子どもの楽しい笑顔と出会える教育改革の近道だと思います。こう考えていたので、校内研究で職員全員が群読の研究に取り組むことになって、とてもうれしくなりました。

講師には、葛岡雄治さんを招きました。東京の学校で豊かな実践をやられたかたです。現在、長野県に住んでおられるのですが、電話すると喜んで引き受けてくださいました。

授業は、五年生二クラスを合同でやってもらうことになりました。

緊張している五年生に、「ことばあそび」をやりだすと、笑顔が広がっていきました。「宇宙人の宿題」を群読にする授業は、楽しく、子どもたちにも大受けでした。だんだん大きな声で群読しだす子どもたちの姿を参観でき、先生たちも群読のイメージが生まれたようです。講演の内容も私たちの研究のスタートにふさわしいものでした。群読の技法や台本についての理解も少し深まりました。

先生たちの心に、自分の教室でもやってみようという意欲がわきあがり、地に着いた校内研究がスタートしました。

廊下を歩くと群読の声が聞こえてきます。一人の声に他の声が和していきます。さらに他の声が重なります。子どもたちは声々に包まれて楽しそうです。教室を覗くと、目でうなずき合い、体で調子をとり合って読みあう姿が見られました。個人の朗読にはないハーモニーが生まれています。

こうした学習は、学校からいじめを追いだす力にもなりますね。

群読に取り組むことは、教育改革の流れと十分に対応し、新しい学校づくりに有効だと感じます。今後とも、群読の響きあう学校づくりを職員一丸となって進めていきたいなと思いました。

お箸を捨てて、手で食べよう

学校にいろいろな人に教育ボランティアとして来てもらい、そのエネルギーを子どもたちや先生に充電してもらおうと考えました。

インド人のアルバさんには、スパイスを使った料理を教えてもらうことになりました。六年生は学校の畑で育てたジャガイモを収穫してきました。またインドの地理や歴史も図書館で調べてアルバさんを待ちました。アルバさんは開口一番、

「みんな、どうして平気でお箸を使うの？　インドの人は手で食べるよ。木も切らないし、環境にもやさしいよ。それに手は絶対忘れないから便利だよ」

そう問われた六年生はびっくりしています。

「熱くないのかな？」

「慣れればなんともないよ。みんなも手で食べない？」

六年生は助けを求めて、私のほうを見ました。

「日本人も昔はみんなが手で食べてたんだよ。でも、聖徳太子の時代に中国の国と交際するようになったら、はるかに進んだ文化を持つ中国では、手で食べるようなことはなく、お箸を使ってることがわかったの。中国からお客さんが来ることになったので、朝廷では大慌てでお箸を使う練習をして、お客さんを迎えたそうですよ。これが日本でお箸を使うようになった始まりといわれているよ。いま、世界の人の五〇パーセントの人が手で食べてるというから、お箸やフォークで食べる人のほうが少ないんだよ。アルバさんにいいこと聞いたね」

と話したら、

「ええ、そうなのか」

と子どもたちは常識を改めていました。

アルバさんには、インドのこと、スパイスのこと、環境にやさしい生活のことなどを教わりました。

彼とは、前任校で教頭をやっているときに、私を訪ねてきてくれたのが最初の出会いでした。

「先生の『日本は、どこへ行く?』(太郎次郎社)読んだよ。すばらしかった。きょうは環境の話をしたいと思ってきたよ」

「ありがとう。学校の子どもたちにもいろいろ教えてね」

という会話がスタートでした。そして、インドの大学の先生はお昼になると、太陽光を集めてご飯を炊く簡易容器でご飯をつくり食べてることを話してくれました。エコロジーの極致のような話です。

「日本の学校でも使ったら?」

「いいね、災害のときなんか役に立つね。ぜひ、使いたいな」

「今度、インドに帰ったら探して持ってこよう」

「太陽光発電は便利だよね。日中に太陽光を集めて蓄電池に貯めておいて、夜はその光で勉強するのがいいな。宿題はこの光だけでやることにするとすてきだな。夏は二時間、冬は十分、消えたら宿題はおしまいなんてロマンチックだよね」

「学校推薦で、こんな太陽光電気スタンドを売り出したらおもしろいね」

すっかりウマがあって話が弾みました。それから、ときどき話す仲になったのです。アルバさんを、いろんな学校に紹介して交流してもらいました。すっかり彼は売れっ子になったのです。

アルバさんは子どもたちにプレゼントを持ってきてくれました。インド綿のハンカチです。

「これはみんなにプレゼントするんじゃないの。貸すの。そしていっぱい使ってボロボロになったら返してほしいの。その木綿を集めてインドでは鍋で煮て紙を漉くんだよ。だから返してね」

子どもたちは喜んでハンカチを受けとりました。

「木綿で漉いた紙で、学校の便箋を作ってくれない」

そうお願いしました。

二か月後にアルバさんから小包が届きました。なかにはインドで作った木綿の紙でつくった学校の便箋がはいっていました。こうして環境にやさしい学校の便箋ができあがったのです。

一学期は手品で締めよう！

いよいよ子どもたちが待ちに待った一学期の終業式です。

「校長先生のお話です。みんな、よく聞いてください」という司会の先生の挨拶でバトンタッチされました。

暑いなか、背広のまま我慢して登場しました。

「おはようございます。みなさん、座ってください」

子どもたちは静かに体育館のフロアーに座って見つめています。

「きょうは一学期最後の終業式です。一学期、勉強頑張ったなと思う人は手をあげてごらん」

そういうと、半分近くの子どもたちが手をあげました。なかには照れたり、頭を掻いたりして手をあげる子もいます。

「では、一学期そうじ当番や係の仕事を頑張ったなと思う人は手をあげてごらん」

今度はもう少し多くの子どもたちが手をあげました。

「最後に、一学期、友達といっぱい遊んだなと思う人は手をあげてごらん」

これはほとんどの子どもが手をあげました。友達と顔を見あって微笑んだりしています。

「みんな、それぞれ一学期頑張ったことがわかったから、ご褒美におもしろい手品を一つ教えてあげよう」

そういって、用意してあったお茶碗を三個机の上にのせて、子どもたちのまえに置きました。

「このなかの一つだけに、鈴をつけておきました。どれがそうか振って鳴らしてみるね」

右手で一番右端の茶碗を持ちあげて振りました。音は何もしません。子どもたちはじーっと見つめています。つぎに、中央の茶碗を持ちあげて振りました。今度も音は何もしません。最後に左手で一番左端の茶碗を持ちあげて振りました。リンリンリーンと音が響きました。

「どれに鈴がついているか分かったね。では、茶碗を動かすよ。どれが鈴の鳴る茶碗か当ててごらん」

左にあった茶碗を一番右側に移動させました。中央にあった茶碗を一番左側に、右側にあった茶碗を中央に移動しました。子どもたちは食い入るように見つめています。

「さて、鈴が鳴る茶碗はどれだろう？　これだと思ったのに手をあげてみてね」

「絶対に右端だよ。まちがいないよ！」

一番まえの子どもたちの声が聞こえてきました。三人だけが中央の茶碗だとあてずっぽうで答えましたが、他は全員、右端だという意見でした。

「じゃあ、鳴らしてみようね。だれも違うといった左の茶碗は……」

ひょっとして鳴るんじゃないかなという心配顔もいましたが、右手で茶碗を取りあげて振りましたが音はしませんでした。

「やっぱり鳴らないよ。絶対に右だよ」

という声が聞こえてきます。

「つぎは三人の人がこれだといった中央の茶碗」

右手で茶碗を取りあげて振りましたが、音はしませんでした。

「絶対に右！」

「当たったら何かちょうだい」

「最後に右の茶碗は……」

ごくっ、唾《つば》をのむ音が聞こえてきました。右手で茶碗を取りあげて振りましたが、音はしませんでした。

「えー、うそ！」

全員の信じられないといった叫びが上がりました。もう一回やってみてというリクエストに応えて振りましたが、音はしませんでした。三つとも音はしません。

「あれっ、鈴はどこへいってしまったのだろう?」

そういって、左手で右側の茶碗を取って振りますと、リン、リン、リーンという鈴の音が響きました。子どもたちはアレッという表情をしています。

「鳴ったねえ。では、中央は?」

左手で中央の茶碗を取って振りました。リン、リン、リーンという鈴の音が響きました。

「えっ、うそっ。わかんなくなっちゃったあ」

左手で左側の茶碗を振ると、リン、リン、リーンという鈴の音が響きました。

三つの茶碗とも鈴の音が鳴り響いたのです。子どもたちは騒然としてきました。

「変だねえ。ヒントをあげよう。手品のトリックを見破ってね」

そういって、三つの茶碗を右手で取って振りました。茶碗は一つも鳴りません。つぎに、三つの茶碗を左手で取って振りました。茶碗は三つとも鈴の音が響きました。これを数回、繰り返したら、

「わかったあ」

という声が増えてきました。まだけげんな顔の低学年に、右手と左手の背広をまくってみせました。

左手には、鈴が数個輪ゴムで止めてありました。これがあったから、暑いのに背広だったのです。

「あっ、ずるーい」

一年生が叫びました。みんな大笑いになりました。

「手品ってこんなふうに全部仕掛けがあるんだね。先生は、夏休みにこの手品を覚えました。みなさんも、普段できないことを夏休みに挑戦してください。楽しい夏休みにしてね」

こういって、終業式の校長の話を終えました。

退場していく子どもたちはみんな笑顔でした。三年生の子が一人、

「ペテン師！」

と、賞賛の言葉を残していきました。

フレネ教育者国際集会

世界中から二百人もの先生たちが日本にやってきました。第二十二回フレネ教育者国際集会が埼玉県飯能市にある自由の森学園を会場に七月二十二日から十日間開催されたのです。

私は以前にフィンランドのキサケスクスで行なわれたフレネ教育者国際集会と、フランスのポワチエで行なわれたフレネ教育者国際集会と二回に参加していました。

フィンランドでは、使い捨てカメラの授業をしました。その授業に参加したフランスの高校生クレールさんは、「学校で旅行に行くとき、先生が高価なカメラは忘れたり壊したりするから、使い捨てカメラを持っていくと便利だよといわれたよ」と話してくれました。そして、「だけど、環境に悪い使い捨てカメラはもう使わない」と話しました。

ヨーロッパでも使い捨てカメラがはやり出したのですね。彼女はあとでノーマーキュリーの乾電池のエコ商品を見つけたと送ってくれたりしました。

フランスでは、コカコーラの授業を英語に訳して持っていき話しました。ブラジルやドイツの先生が、私もやってみると喜んでくれたりしました。しかし、なによりよかったのはイタリアのジャンカルロ先生の平和教育のアトリエに参加したことです。日本の平和教育というとすぐ戦争に結びつけることがおおいのですが、彼のアトリエは真っ暗ななかで始まりました。床に横になり、懐中電灯で手を照らし影を天井に映しだします。その影の手で近くの人と握手をし交流するのです。「えっ、これが平和教育？」。カルチャーショックでした。ＯＨＰの光をからだ全体に当て、子ども時代を思い出して各自ポーズを取りました。壁一面に貼った模造紙にマジックで輪郭線を書いていきます。壁にはいろんなポーズが浮き彫りになりました。つぎは、自分のからだの輪郭のなかに絵や写真の切抜きや文字で子ども時代をイメージする表現をしてほしいというのです。「いったいこれで何がおきるのだろう？」という私の疑問は、アトリエ参加者全員が表現したポーズのまえで、子ども時代の思い出を話していくにつれ氷解していきました。「いつもお姉さんのお下がりを着せられて、いつか新しい着物をきたいと強烈に思いながら過ごしたわ」「お父さんがとても厳格できびしかったので、いつもお父さんの顔色を見ながら暮らしてた」。肌の色も目の色も違う初めて出会った先生たちの子ども時代を聞いていると、日本でも同じ情景があったなと思います。ジャンカルロ先生は、「世界中の人びとが子ども時代の思い出で連帯していけば戦争はかならずなくせる！」と語りました。平和教育の多様さに目を開かれた思いがしたのです。

さて、今回は日本での開催なので、いままでフィンランドやフランスでお世話になったぶんのお返しをしなくてはいけないと思ったのですが、仕事の関係で準備の会議も欠席することが多かったのです。そこで、各国の参加者のホームステイのお世話と環境教育についてのロングアトリエを担当することにしました。

アフリカやヨーロッパ、南米からホームステイの申し込みが殺到しました。受け入れ先はすぐに決まることもありましたが、なかなか決まらずに友人に泣きついて引き受けてもらったりしました。「ありがとう。とても楽しかった。ホストがとてもよくしてくれた。感謝します」。こんな電話や手紙をもらい、うれしくなりました。

世界の教育を感じるよい機会なので、私の学校の先生たちにも呼び掛けたところ、二人の先生が参加してくれました。日本からの参加者は約九十人、午前中は十六のロング・アトリエに分かれての実践交流、午後はさまざまな種類のショート・アトリエでの交流、夜は楽しいイベントが持たれました。

私が主宰した〝学校とごみとエコロジー〟のロングアトリエではこんな発表がありました。

「学校でも村でも掃除する習慣がなかったから、どんどん汚れてきた。そこで、子どもたちと毎週金曜日を『清掃の日』と決め、学校と村を掃除することにした。なにごとが始まったのかとびっくりしていた村人たちも、一年後には、『村は、大人たちで掃除をするから子どもたちは学校で勉強するようにしてくれ』と話してくれ、いまは大人たちが金曜日に村を掃除している」

セネガルからやってきたパパ・メイサ先生はビートの効いた歌を歌いながら、村の通りを掃き掃除する子どもたちの様子をビデオで見せながら説明してくれました。

サンパウロからやってきたクラウデア先生は、身振り手振り台詞つきのパフォーマンスで、学校の生ごみをコンポスタに入れての肥料づくりや、それを学校園に利用した野菜づくり、その野菜を使った調理実習といったサイクルを説明しました。さらに、家庭から出たカンやビンを学校で集積してそれをお金に換え、そのお金でプレゼントを作り、子どもたちと養老院や孤児院を訪問する試みを参加者全員を演技に巻きこみながら楽しく発表しました。

ポーランドからやってきたグラジーナ先生はグリーン・アカデミーという大学とタイアップした先生たちへの環境教育支援システムについて発表してくれました。

日本からは、教室から出るごみを持ちこんで、そこからのリサイクルやエコロジー教育について問題提起しました。私もハンバーガーの授業などをやりました。世界の先生たちとの語らいは通訳にかかる時間もあり、ゆったりと進みます。楽しい時間はあっというまに過ぎ去りました。

スエーデンのイザベラ先生の発案で、参加者全員が母体となって環境教育の実践や情報を交流する世界フレネ・エコロジー・ネットワーク(FEN)を発足させることが決まりました。〝変〟なネットワークにならないよう大切に育てていこうと考えています。

神奈川県国際交流協会と共催で、横浜市にある神奈川県地球市民プラザで〝学校とごみとエコロジー〟の出前アトリエを開催しました。こちらは希望者の自由参加として、高校生のボランティアも参加して木綿から紙を作ったり、太陽光発電を利用して昼食を作ったりしました。飯能市からアトリエのメンバーを会場まで連れてくるのもなかなか大変でした。途中でキップを紛失したりで大騒ぎ、私たち付き添い三人は対応におわれながら会場に到着しました。

スエーデンやポーランドやブラジルの先生たちの発表は参加者が喜んでくれました。とくにブラジルのクラウデア先生のパフォーマンスあふれる環境教育の発表には言葉の壁を越えて大喝采でした。高校生たちも大満足で、また来年もやってくださいとリクエストされました。

打ち上げに中華街に繰りだしました。あいにく雨が降りだしたのですが、日本の夜に外国の参加者たちは興奮ぎみです。クラウデア先生の熱演に感謝して彼女の娘さんにプレゼントしました。クラウデアが選んだのは二百円のほてい様の人形でした。

世界の先生たちと連帯した夏は、こうして過ぎていきました。

ジュースは優勝カップで

運動会の練習が始まりました。昼休みには、リレーの練習をやっています。

「校長先生、どうしたら順位が上がるの？」

六年生の深雪ちゃんは、色別対抗リレーの選手になりました。彼女は黄色チームのキャプテンとして低学年を指導することになったのです。でも、練習ではいつもビリになってしまうので悩んでしまったようです。

「きょうの練習を見て、考えてあげよう」

と約束して別れました。

練習を見ると、一年生はコースごとに引いてあるラインに気を取られてしまい、オープンコースなのにどうしても大回りしてしまいます。黄色チームは練習ではまたもやビリでした。

深雪ちゃんに「一年生に、オープンコースだからバトンをもらったらすぐ内側を走っていいんだよと教えるといいよ」とアドバイスしました。

さて、運動会本番はどうだったのでしょう？　深雪ちゃんの作文からリレーの様子が伝わってきます。

「私は久しぶりにリレーの選手になった。最後の運動会にでられてすごくうれしい。はじめての顔合わせ。

私は4チームの中で黄色になった。くじを引くといつも4レーンになった。何回やってもビリだった。そのまま本番になった。しかもまた4レーンだった。みんなこんなんで勝てるのって顔だった。私は一人ひとりにいろいろなことを話した。

『走ることだけ考えるんだよ』

『まわりを気にしちゃだめだよ』

『すぐ内側の1レーンを走るんだよ』

『リードを忘れないようにね』

みんなから『勝てるの？』の顔がなくなった。そしてみんなが、『ビリでもいいから一生懸命走ろう！』って言ってくれた。

1年生の健太くんがスタートした。めずらしく最初から2位だった。あっ、健太くんがころんだ。けど、ちゃんと立って走ってくれた。3位だ。健太くんのところまでとんでいった。かすりきず一つなかった。

私の番がきた。リード、バトンタッチ。前には二人、後ろに一人。全力で走った。目の前に紗也ちゃんが近づいてきた。『ぬかせる』と思ったらゴール。

『あと1メートルだったね。おしかった』と審判の先生が言ってくれた。うれしかった。みんなよく走ったなと思った」

深雪ちゃんはリレーが終わると、飛んできて報告してくれました。


シルビアは白組の応援副団長でした。毎朝、早くきて自主的に練習を続けました。四年・五年・六年の十六名が白組のメンバーです。エールはどうするか、振り付けはどんなふうにやるのか考え練習することは山ほどありました。

「頑張ってるね、期待してるぞ」と言ったら、「私、応援副団長になって優勝旗返還をするのが夢だったの。恥ずかしいけど大きな声だしてやってみる」という答えが返ってきました。「楽しい応援ができたら、みんなの希望を一つかなえてあげよう」と言ったら飛びついてきました。

「優勝カップでジュースを飲んでみたい!」というのです。PTAのお父さん・お母さんたちが市のバレーボール大会でもらった優勝カップでビールを回し飲みしたことが伝わって、私もやってみたいと思ったようです。「わかった。みんなで協力して楽しい応援ができたら校長室でそれをやろう」と約束しました。

それからは全員が早く登校して練習に励みました。当日も大ハッスル。応援の優勝カップはシルビアの手にしっかり握られたのです。

休み明けの昼休み、応援団の面々が校長室にやってきました。ポケットマネーで買ってきたオレンジジュースを優勝カップになみなみとつぎました。

「応援団の健闘を祝してジュースを回そう」

「校長先生に最大の感謝をささげる！」とエールを交換し、子どもたちの手から手へ優勝カップは回っていきました。どの子もうれしそうで、おいしそうでした。

かれらの顔にはひと仕事終えた満足感があふれていました。

世界中の子どもたちが幸福になれる!?

出前授業でクラス訪問②

五年生のクラスに授業に行きました。子どもたちは「きょうは何やるの?」とニコニコして待っていました。

「みんな、世界中の子どもたちが幸福になるにはどんな権利が必要かな? グループで、どんな権利があったら世界中の子どもたちが不幸にならないですむか権利をいくつも考えて模造紙に書いてみようよ」

「どんな権利でもいいの?」

「遊ぶ権利でもいい?」

「うん、いいよ。権利を考えたら、世界中のいろんな子どもたちの様子を話すから、みんなが考えた権利を使って助けられるか考えよう。いちばん多く助けたグループがチャンピオンだよ」

チャンピオンと聞いて、がぜん乗り気になりました。グループをつくって考えていきます。

「校長先生、絵で書いてもいい？」

「カラーペン使ってもいい？」

「学校へ行かない権利なんてのもいいの？」

いろいろ聞いてきますが、グループで相談して一致したらOKにしました。

1班が考えた権利は、「遊ぶ権利」「いじめがない権利」「学校に行かなくていい権利」「食べ物をとれる権利」「自分の意見や考えをもつ権利」「毎日、平和に生活する権利」「自由時間をもつ権利」「大人の言うことにかならず従わなくてもいい権利」「安全な所でくらす権利」「毎日おこづかいがもらえる権利」「差別をなくす権利」でした。

2班が考えた権利は、「みんなが学校に通える権利」「一人ぼっちにならない権利」「社会に出られる権利」「ご飯が食べられる権利」「戦争しない権利」「塾にいかなくていい権利」「命を大切にする権利」「家族を大切にする権利」「自然を大切にする権利」「家がある権利」「睡眠をとる権利」「犯罪をしない権利」でした。

3班が考えた権利は、「お金を大切にする権利」「親の言うことを聞く権利」「学校に行く権利」「食べ物をそまつにしない権利」「家の手伝いをする権利」「時間を大切にする権利」「けんかをしない権利」「家族を大切にする権利」でした。

4班が考えた権利は、「遊ぶ権利」「自由の権利」「学校に行く権利」「食べる権利」「おしゃれをする権利」「お風呂に入る権利」「意見を主張する権利」「服を着る権利」「買い物をする権利」「旅行をする権利」「自分の部屋がある権利」「テレビを見る権利」「健康でいられる権利」でした。

それぞれユニークな権利も散らばって、六グループとも必要だと思う権利がまとまりました。

「それでは、世界の子どもたちを五人登場させるから、この子たちの悩みをみんなの権利を使って解決できるかな？」

こう言って、ユニセフが作成した『わたしの権利みんなの権利　It's Only Right!』に登場する「世界の子どもたち」カードを読んでいきました。

「最初は、私が子どもだった頃、私の家族は保健所からとても離れた所に住んでいたので、私は予防接種を受けていません。私は八歳でポリオにかかっています」

「4班は『健康でいられる権利』があるから救ってあげられるぞ」

「おっ、ポイント1点獲得だね」

「校長先生、『家族を大切にする権利』では救えないかな？」

「病気はちょっと無理だね」

「残念！」（笑い）

「1班だけど『安全な所でくらす権利』ではどうオ？」

「だめ～！」

みんなの拒否にあってしまいました。

「つぎの子どもは……。私の兄弟は学校に通っています。でも、私はひとり娘なので家のことを手伝わなければならず、学校に行くことができません。私は七歳です」

「わあ、これは大丈夫だ！『みんなが学校に通える権利』がある」

「うちも『学校に行く権利』を書いているからＯＫだよね」

「やばい！　私たち『学校に行かなくていい権利』にしてしまったあ」

こうしてみんなで考えながらグループにポイントを加えていきました。

「三番目の子どもは、私は十三歳で、私の国の国境では他国とのあいだにもう三年間も紛争が続いています。軍の将校が家にやってきて、私は体も大きく、力もあるので、軍隊にはいって国のために戦うべきだと言いました」

「4班は『自由の権利』で救えると思うけど、みんなどうですか？」

「だめだよ、2班の『戦争しない権利』のようにはっきり書いてなくっちゃあ」

「でも、半分の点でいいから『自由の権利』でちょうだいよ。あっているところもあるよ」

4班も0.5ポイントもらえることになりました。すこしずつ権利という意味がしみこんでいくようです。

「四番目の子どもの悩みは……。私は十歳です。私は家族が使っている言葉を話しますが、学校では私の言葉を話す先生はいませんし、私がその言葉を使うことも許してくれません。先生たちが使っている言葉を勉強しなければならないといわれます」

「『差別をなくす権利』で救えるとおもうけど、どうかなあ」

「うん、いいよ」

「『一人ぼっちにならない権利』は、0.5ポイントもらってもいいでしょ」

「まあ、いいかあ」

子どもたちは、やさしく認めあって、自分のグループへもどうにかして0.5ポイントをもってくるように工夫して発言しています。

「最後の子どもは……。私は九歳のときからカーペット工場で一日十二時間働いています。いま、私は十二歳で、工場主は私にもっと長時間働いてほしいといいます」

「『毎日、平和に生活する権利』で救えないかなあ？」

「ちょっと違うと思うよ」

「『学校に行く権利』は関係があるよな」

「うん、0.5ポイントくらいかな」

平和な日々の日本の子どもたちが考えた権利では、世界中の子どもたちを救うことはできませんでした。しかし、この権利を考える授業で、世界中の子どもたちの問題点が浮かび上がってきました。児童労働・戦争・民族差別・健康など、世界には困っている子どもたちがいることを知ったようでした。

「みんなの考えた権利だけでは、世界中の子どもたちが救えなかったね。そこで、国際連合の加盟国が中心になって世界中の子どもたちが幸福に過ごせるように『子ども権利条約』(児童の権利に関する条約)を作りました。この条約をすべての国が批准して、国が責任をもって子どもたちが幸福にくらせるようにしようと考えました。日本も一九九四年四月二十二日に批准したので、みんなにどんな内容か教えるね」

こういって、『子ども権利条約』(児童の権利に関する条約)を配りました。

「条約を読みながら、グループで考えたものと同じものがあったら第何条か書きこんでごらん。同じものがあるかな?」

子どもたちはグループで読んでいきました。

「第二条に差別の禁止があるよ」

「第十二条は『意見を主張する権利』が出てるよ」

「第二十八条は『教育を受ける権利』が出てる」

「お風呂にはいる権利はやっぱりないかなあ?」

「第二十七条のふさわしい生活水準を確保する権利じゃないかな」

「おっ、それなら服を着る権利もはいるな」

「第三十一条に遊びの権利が出てるよ。お母さんに言わなくっちゃ」

五年生とはこんな授業で『子ども権利条約』を考えてきました。

「校長先生、子どもに最高に役に立つこと知ったよ、ありがとう」

訓ちゃんに感謝されてしまいました。

三年生からの挑戦状！

三年生のクラスから六年生のクラスに毛筆でしたためられた挑戦状が届きました。

挑戦します。
6年生のみなさん、交流集会でのご活躍すごかったですね。
ぼくたちわたしたちは、みなさんからたくさんのことをおそわりました。
こん度はソフトボールの試合でむねをかりて、色々おしえてください。

★試合の日時　11月5日　5校時

★ルール　①中学生女子ルール
②7イニング
③1チーム　10人（メンバー交換可）

④3年生には先生が二人はいる
⑤主審は校長先生

六年生も学級会を開いて相談しました。そしてつぎのような返書を三年生の教室に届けました。習字の上手な由香ちゃんが巻紙にこれまた毛筆で書いたのです。

御返答いたす
三年生諸君
日々の練習
先生の指導に
私達は　大いなる　熱意を感じた
そして　感動した
諸君の挑戦、受けて立とう
受けたからに
こちらも　手加減するつもりはない
諸君の活躍を　期待しよう

正々堂々　自分の力で　戦おうではないか
諸君の活躍を　期待する

六年生一同

三年生は猛練習にはいりました。川上先生がボールの捕り方をていねいに指導していきます。ぎこちなかった三年生も、すこしずつ上手になっていきます。三年生チームには、川上先生と井上先生がバッテリーで参加することになりました。放課後には二人の練習する姿を見かけることが多くなりました。川上先生は社会人のソフトボールリーグの現役のピッチャーでした。

「すげえ！　速すぎるう」

川上先生の豪速球を見た六年生は、楽観はできないぞと、これまた猛練習を始めたのです。

「校長先生、えこひいきしないで審判してください」

六年生の野球部の連中が懇願にきました。

充実したときが流れ、いよいよ試合当日になりました。このところ雨模様の日々が続いていたので、心配した養護の原田先生が霊験あらたかという「照る照る坊主」を持ってきてくれました。朝から曇りの天気で雨は降らず、とうとう試合は開始できたのです。チアーガールも登場して両方の応援合戦も華やかに、試合は和やかに進みました。

試合結果ですか？　さすが、六年生！　盗塁で塁をうめてバントする作戦が効を奏して、六対一で勝ちました。
三年生のピッチャーが川上先生とときどき交代して投げたのがさいわいしました。
両方のクラスは連帯感が強まりました。
子どもたちが目標に向かって弾んでいるってすばらしいですね。楽しい審判でした。

落書き一掃大作戦

「校長先生、たいへん来てー！」

「こわいー！」

二年生が三人、職員室に飛びこんできました。二階にある理科室の廊下の掲示板に、とってもこわい落書きが書いてあるというのです。

一緒にいってみると、〝みんな死ね！　全員殺してやる〟と黒のマジックの乱雑な字で大きくなぐり書きしてありました。二年生の教室の近くなので怖くなったのでしょう。

「こっちにもあるよ」。集まってきた五年生が言います。聞いてみると小さなたわいのない落書きがあちこちにあるということがわかりました。学校はまったく現代社会の縮図ですね。

「すぐ消しましょう」。教頭先生がマジック消しを持ってきましたが、

「子どもたちみんなに嫌な気持ちをもう少し味わってもらいましょう」

と、一週間そのままにしておくことにしました。

「校長先生、こわい落書きがあるよ」。それからも何人もの子どもたちが校長室に教えにきてくれました。

「いやだねエ。どうしてこんなことするんだろうね?」

「道路に落書きしてあるのをまねしてるんだよ」

「なんかおもしろくないことあったからやったんじゃない」

いろいろ話してくれます。

「どうしたら、こんないたずらなくなるかな?」

「書いた人さがして消させれば……」

「犯人捜しかあ。私が書きました、ごめんなさいって自分から出てくるかな?」

「ぼくだったら、悪いと思ってもでていけないなあ」

と、勇君がいいました。みんなそうだなあという顔になっています。

「学校をきれいにする日を作って、みんなで落書き消しをやったら、学校はきれいになるし、落書きする人もいなくなるかもね」と話したら、

「ぼく、児童会で提案してみる」と勇君が言いました。

児童会では、みんなが落書きをなんとかしなくてはと考えていたようで、勇君への賛成が相ついだそうです。かくして、昼休みに全校で落書き消しに取り組むことが児童会で決まりました。手に消しゴムや雑巾をもって、子どもたちは児童会が割り振った場所をきれいにしていきました。私もマジックが消える消しゴムを持っていっしょに消しました。昼休みがなくなったという苦情は一件もありませんでした。

「みんな健気によくやりますね」

教頭先生が感心しています。


不思議なことにそれから落書きがなくなりました。犯人捜しをしなかったことと、みんなが嫌な気持ちを味わったこと、児童会の話し合いがよかったのかなと思いました。

現代はややもすると、自分のゴミもだれかが片づけてくれるという発想に陥りやすい状況があります。家庭での仕事の分担も、勉強が大事という名目のまえには力を失う家が増えてきています。こんな一つ一つが私たちの社会を住みづらくしているように思います。家庭教育や地域教育の復権が叫ばれるのもむべなるかなと感じます。

学校で、家庭で、地域で、自分が快適に過ごすために何をやり何をしないのか一歩ずつ進めていくことがいま必要なのでしょうね。

群読は山場曲線で

校内研究は群読を中心に研究を進めています。今回は六年生の研究授業の番でした。担任の先生は、教科書にも載っている谷川俊太郎の「生きる」という詩を群読にしたいと考えました。この作品を取りあげたいという思いで作った指導案を研究推進委員会に提案しました。

「詩の読みとり、個人での読み、グループでの台本づくり、群読練習、発表と、なにかパターンどおりでおもしろみがないね」

「台本づくりのまえに、いろんな群読の技法を教えておきたいね」

「でも、この詩は技法よりも一つ一つのフレーズを大事に読ませたいと思うな」

「六年生にとって『生きる』の詩が、どんな意味をもつのか考えさせたいね。そして、思いをこめて読めたらすばらしいね」

「そう、私も『生きる』はたくさんの技法を使わないほうがいいと思うわ」

「あの六年生、まじめに取り組んでくれるかなあ。それが心配！」

じつは六年生にはこんなことがあったのです。

「六年生がときどき廊下で騒いでいます。授業にならないこともあるようです」。同じ階の先生から耳打ちされました。以前から気になって担任の先生と話してはいたのですが、こんなになってしまったのかと驚きました。

「全員座らせるのに苦労します。とっても疲れてしまいます」と専科の先生。

「掃除もやろうとしない子もいますよ」と校務員さん。子どもたちに聞くと、

「四、五人が授業中、ときたま勝手に歩いたり大声で話したりして先生の声が聞こえないときがある」と言います。

「先生は、どうしてるの？」

「一度は注意するけど、あとはあきれてほっといてる」

担任の先生と話し合い、二つお願いしました。

「先生がいけないと思ったら、しっかり叱ってください。それでもやめなかったら子どもたちのまえで涙を見せてもいい。淡泊にしていると、子どもたちは私たち、先生に愛されてないと感じちゃうよ」

「軽薄にどっぷり漬かった子どもたちを変えていくのは、やっぱり授業しかないよ。私も授業に行くから、先生も頑張って授業に全力投球しよう」

それから、私もたびたび授業に出かけていきました。ソフトボールの試合も六年生をまとめようという川上先生の配慮だったのです。そうして六年生は、だんだん集中し落ち着いてきたところだったのです。

「よし、六年生が弾んで取り組める手法を考えようよ」

「山場曲線っていうのはどう?」

と山田先生が言いだしました。

「詩の一番の山場はどこか考えて、山場をどう読むのか工夫していくの。そして山場を盛りあげるために、前後をどう読んでいくのか考え、曲線で表すと読み手にも聞いてる人にも伝わるんじゃない」

「おもしろそう。まず個人で山場曲線をつくって読む。つぎにグループで各自がどこを山場と思ったのかを話し合って、グループの山場を決めて読み方を考えていく。とってもわかりやすい、みんなノッてくるわよ」

私は「山会」を思い出しました。正岡子規が高浜虚子や河東碧梧桐とつくった作文の会です。明治の書生は天下国家を論じましたが、「山会」は原稿用紙に二〜三枚ほどの文章を書き、みんなのまえで読みあげて「山」があるか話し合ったといいます。すてきな会ですね。

私も山場曲線に大賛成しました。

五つのグループが山場をどこにしようか話し合っています。研究推進の先生たちがそれぞれのグループにつき、記録をとったり支援したりしています。

「生きるのにいのちが一番大切だから、最後のフレーズの『いのちということ』というのが山場じゃないかな」

「ぼくもそこだと思う。ドラマだって最終回が一番の山場だもん」

「『いきるということ』は『いのちということ』なんだといいたくて、作者はミニスカートとかたくさんのことを挙げたのだと思うな」

多くのグループが山場を「いのちということ」にもってきました。どのグループも真剣でした。

読みの練習が始まりました。

「ここはたたみこむように読もう」

「『いま』はインパクトがあるように全員で読もうよ」

声を出しながらグループみんなで手直しして群読をつくりあげていきました。

研究授業ではすばらしい発表になりました。「さすが六年生ですね。山場を最高潮に読んだグループと一フレーズまえを盛りあげて山場は一人が静かに読んだグループがありましたね。よく工夫しましたね」と、参観した先生がた。担任の先生も満足そうです。子どもたちも満ちたりた顔をしていました。

研究会では、グループが群読発表したあとの教師のコメントが話題にあがりました。ビデオでグループの発表を見て、自分だったらどんなコメントを言うのか実際に話してもらいました。そうしたらおもしろいことに気がつきました。若い先生のコメントは総じて抽象的なのです。それに比べて経験の豊富な先生は、具体的な指摘をしています。先生の耳や感性を磨くことも大切なのですね。

「授業で勝負することが学校の一番の仕事だね」

と話したら、全員の先生がうなずきました。山場曲線は大成功でした。

おばあちゃん、真っ青の自己破産申立書

出前授業でクラス訪問③

人数分の計算機を抱えて六年生のクラスを訪問しました。

「えっ、算数やるの？　オレ、算数嫌い！」

「でも、計算機使うなら楽勝だよ。どんな問題やるの？」

こんな声に迎えられました。

「みんな十九歳になったら、何をやってるかなあ？　想像してみてよ」

「ぼくは大学生になってるか浪人しているかどっちかだな」

「オレはJリーグにはいってプロになってるな」

「私はケーキ屋さんに勤めてる」

しばし、十九歳の自分を想像して話が弾みました。そのころ、みんながいちばん欲しいものは何だろうなと聞くと、女の子は洋服やブランド物のバッグなど、男の子は車が欲しいという子が多か

ったのです。十九歳のみんなはたくさんお金持ってるかなあと聞くと、バイトして買うというのが主流で、でも、高いものは無理だなあという意見でした。

「これ、何か知ってる?」

「クレジットカードだ」

「クレジットカードがあれば、お金はなくても買い物できるんだよね」

「それでお金も出てくるんでしょ」

みんな少しは知識がありそうです。

「十九歳になったみんなは学生です。大学生の身分証明書だけしか持ってないで、その日のうちに何枚のクレジットカードが作れるかなあ?」

子どもたちは○枚~十枚までさまざまな枚数をいいましたが、以前、NHKテレビがクレジットカードを特集したときのVTRを見せました。銀行では手続きがあってその日にはできませんが、流通系のデパートなどでは発行されて、十九歳の学生は五枚のカードを発行してもらっています。五枚のカードの合計が、ショッピング七十万円、キャッシング二十五万円というので、どういうことか聞いてみました。

「買い物に五枚のクレジットカードを使うと、七十万円までショッピングできるということだよ」

「キャッシングって、クレジットカードを使って二十五万円まで出てくるということかも……」

「あっ、それいい。二十五万円使えるなんて最高！」

「ばか。返さないといけないんだぞ。利息も取られるんだぞ」

「なんだ、そうなのか」

一瞬、喜んだ子どもも借金は返すということに甘くはないと思ったようです。

「クレジットカードのいい点って、どんなとこかなあ？」と聞くと、

「現金を持っていかなくとも買い物できるから便利だよ」という答えです。

「クレジットで買い物すると、支払いはだいたい一か月後なので、お金を持っていなくても買い物ができるよ。それと、お金も借りられるし、外国では身分証明書にもなるよ」

こんな説明をしてから「イエス・ノウ　クイズ」をやりました。

★クレジットカードが初めてできたのは日本である⁉　YES　or　NO

日本かもという子どもたちに、アメリカ合衆国のマクマナラさんが初めて考えたという話をしました。

★マクマナラさんがクレジットカードを考えたのは、かっこいいキャデラックがどうしても欲しかったから。　YES　or　NO

食事にいってお財布を忘れてしまったマクマナラさんがとても困ったので、友達と考えたのだそうです。

★最初のクレジット会社はVISAである!?　YES　or　NO

ダイナークラブというクレジット会社を設立したのです。最初は何ページかの手帳のようなカードでした。

★クレジットカードをプラスチックカードにしたのは日本が最初である!?　YES　or　NO

やっぱりアメリカだろうという子どもたち。でも、日本が最初でした。いまではどこもプラスチックカードです。

★クレジットカードで十万円のカメラを買ったら、一か月後に十万円返せばよい。YES　or　NO

十万円より多く返さないといけないと予想した子どもたちでしたが、十万円返すだけでよいのです。

「それじゃあ、クレジット会社は儲けがないじゃない」

そんな子どもたちの疑問に、クレジット会社の仕組みを説明しました。クレジットカードで買い物すると、消費者にはすぐ商品が手にはいります。商品を売った商店はクレジット会社に手数料を払います。商店は高額な商品を買ってくれる人が増えるので手数料がかかっても儲けが出るので得なのです。このほかに数か月支払いで消費者が買い物すると、消費者からも手数料がクレジット会社にはいります。消費者が現金をクレジットカードで借りると、その利息もクレジット会社にはいります。こうしてクレジット会社は十分な利益を出しながら運営されていることを話しました。

★自分のクレジットカードを友達に貸したら、友達が払うことになっている。 YES or NO

「絶対に貸した人が払うんだよ」
「そう、損するから貸したらだめだよ」

子どもたちはよく知っていました。あるデパートのクレジットカードの売り上げは、ショッピング二千九百九億円、キャッシング四千三百六十五億円です。キャッシングの売り上げのほうが多いのです。お金が必要だと気軽にキャッシングする人が多いことがわかりました。そこで、つぎの問題を考えました。

★クレジットカードを全部使って二百万円キャッシングしました。一度も返さないでいると六年後には借金はいくらになるでしょうか？（年利三〇パーセントで計算してください。）

①二百七十万円くらい　②四百八十万円くらい　③六百七十万円くらい
④一千百七十万円くらい

「四百八十万円くらいじゃないの」

「えっ、そんなになるの。そんなに高いと借りる人いないからもっと少ないよ」

「一千百七十万円はないよ。借りたのは二百万円だよ」

利息の計算なんてやったことない子どもたちは二百七十万か四百八十万だという声が主流でした。

「借金取りに追われて夜逃げする人や自殺する人もいると聞くから一千百七十万かもしれない」

そんな声もありました。ここで計算機の登場です。手にするとみんなやる気まんまんの素振りです。一か月ごとに書き込めるプリントを配り、計算の仕方を教えました。

一か月後　二〇〇万＋二〇〇万×0.3×1/12＝二〇五万円
二か月後　二〇五万＋二〇五万×0.3×1/12＝二一〇万一二五〇円
三か月後　二一〇万一二五〇＋二一〇万一二五〇×0.3×1/12＝二一五万三七八一円
四か月後　二一五万三七八一＋二一五万三七八一×0.3×1/12＝二二〇万七六二五円

いっしょにここまでやると、要領がわかったらしくどんどん計算を始めました。

「一年後は、二百六十八万九七七六円。もう六十八万円も利息が付いたよ」

「わたし、二年後、計算できた。三百六十一万七四四四四円」

計算機に手間どっていた子もだんだん慣れて明るい顔で計算しています。

「できた！　六年後は、なんと一千百八十三万四四三一円にもなってしまう」

計算が終わった子どもたちは、二百万円の借金が一千百八十三万円にも膨らんでしまう事実に驚きました。

「利率ってすごく問題なんだなあ」

利率のマジックに気がついたようです。三〇パーセントの利率はけっして異常ではなく、クレジットカードのキャッシングもサラ金の利率もそう変わらないのです。

「オレ、金借りるのやめようっと」

しみじみとつぶやきました。

★子どもが借金を返せないときは親が返さなければいけない!?　YES or NO

「やっぱり親が返さないといけないと思うわ」

「でも一千百八十万円も家じゃ返せないよ」

子どもたちは悩みました。しかし、現実には道義的責任はあるものの法的責任は親にはありません。夫婦は連帯責任がありますが、離婚すればなくなります。こんな話をしました。

「お金を無駄遣いする人と結婚すると不幸ね」

ミキちゃんがつぶやきました。いつも奥さんにいわれている言葉だったのでギョッとしました。

「校長先生、返せなくなったらどうしたらいいの？」

「おっ、大事なこと聞くな。答えるまえにどんな人が返せなくなったかVTRを見てみよう」

こういって前述のビデオの続きを見ました。

学校を卒業して働くのに、スーツや日常品をカードでそろえたけど、日々の生活費までカードに頼るようになり、旅行などすべてカードでやっていたら、ついには給料では払えない金額になり返済のためにキャッシングを繰り返し、十数枚のカードでやりくりしていたもののとうとう返済不能に陥った人の例が報告されていました。

「こうなったら大変だね」

「なんか、ひとごとでなさそう」

「払えなくなったら、どうしたらいいの？」

★借金が払えないときは自殺するしか手がない!?　YES　or　NO

「えっ、いやだあ」

「先生、『夜逃げ屋本舗』って映画あったよ。夜逃げすれば」

「わあ、悲惨！」

「弁護士さんに聞いたら、自己破産してやり直すのがいいといってたよ。自己破産の申立を裁判所に申請して認定を受け、免責手続きをすると借金は払わなくてよいことになるそうです」

「自殺よりずっといいね」

「手続きが面倒なので弁護士さんにお願いすると、三十万円くらい必要だって」

「三十万円を残しておくのかあ。無理かも」（笑い）

★自己破産すると制限されるものは？

①預金口座が作れない　②手紙が開封される　③選挙権がなくなる
④住居を勝手に移れない

「全部だめになると思うな」

全部だめになるという意見が多かったのですが、実際には、手紙の開封と住居移動の制限だけです。預金はゼロからのスタートとなるので預金口座は作れます。選挙権も影響がありません。官報に記載され、カード会社も事故者としてマークするので不自由になるとは思いますが、制限されるのは隠し財産のチェックのために管財人に手紙が開封されます。それと勝手に住居移動ができなくなります。自己破産者は増加の一途をたどっています。

「先生、カードは危険でもあるね」

★どんな人がカード・トラブルをおこしやすいか？

これもVTRで見ました。買い物三昧が趣味の人、借金がいくらあるかわからない人、説明書は読んだことがない人、他人にカードを気軽に貸す人、トラブルがおきてもだれに相談したらよいかわからない人などがあげられていました。子どもたちはなるほどとうなずいていました。

★東京都のPRソング〝アレ借金がたまってる〜　ついつい　ついつい　クレジット
アレ借金がかえせない〜　またまた　またまた　クレジット〟

さて、つぎの歌詞はどれでしょう？

①ああ　こまったな　つかいすぎ　　②ああ　情けない　無計画
③ああ　おそろしい　わが人生

子どもたちは、③の「ああ　おそろしい　わが人生」をあげましたが、歌は②の「ああ　情けない　無計画」と続きました。一万円札の伊藤博文さんが歌うコミカルな映像に子どもたちは爆笑しました。

「さて、みんなの将来の万一のために裁判所から自己破産申立書をもらってきましたから、みんなにあげます。署名して拇印を押してください」

「えっ、いやだよ～！」

「いやな人は将来こんなものを書かなくてすむように、いま、やってみてください」

子どもたちはしぶしぶサインし、拇印を押しました。なかには拇印を押すときにふるえている子もいました。

こうして授業を終えましたが、子どもたちはこんな感想を書きました。

「クレジットカードを持つのもいいけど、でも、使いすぎるといけないから使いどころを考えるようにする」

「クレジットカードを使うと現金を支払わなくても買いものができてとても便利だけど、調子に乗って買いすぎたり友達にむやみに貸したりすると、借金が返せなくなって人生がめちゃくちゃになってしまう。クレジットカードだけじゃなく世の中には便利に見えてもとても恐ろしいものがあるので十分に注意しようと思う」

「私は今日の授業を聞いてカードは便利だけど自分を見失いやすいという点ではこわいものだと思った。大人になってカードを作ったら、計画を立てて自分にとって便利なカードになるようにしたい」

PTAのみなさんとお酒を飲んでいたら、

「校長先生、家のおばあちゃん真っ青になったのよ。わたしもギョッとしたわ。机の上に子どもが持ってきた自己破産申立書が置いてあったのを見て、おばあちゃんたら知らないうちに家はこんなひどいことになっていたのかと思ったんですって。真っ青になって、どうして相談してくれなかったのかといわれたわ。子どもが勉強したものと聞いて大笑い！」

「私も、家は大丈夫って、子どもに聞かれたわ」

授業も発展して波及していきますね。

世界へ～知ろう・学ぼう・未来を創ろう～

「校長先生、インドの言葉教えてください」

「私は中国語での挨拶の役なの。教えて」

校長室にはこんな子どもたちの注文が殺到しました。毎年、秋に開催している交流集会は、開校当初から地域に住むお年寄りや保護者のみなさんを招待して、年ごとにテーマを設定して開催してきました。

今年は私が赴任してからいろんな国の人が学校にやってくるようになったので、テーマを世界に関係したものにしようということになりました。そしてテーマを〝世界へ～知ろう・学ぼう・未来を創ろう～〟と決定したのです。

全校児童二百三十名が、劇・踊り・音楽・スポーツ・衣食住・司会・スタッフにタテ割りに分かれて、世界との連帯を表現します。司会グループは、五か国の言葉で国々を紹介しながら進行しよう、服装もその国のものにしようということになったようです。そこで前述のような話になったのです。

子どもたちからリクエストされるそのたびごとに友人たちに電話して、

「『こんにちは。私はインド人の智美です。私が着ている服はサリーといって、インドの人が着ています。インドでは牛がとても大切にされています』。これをヒンディ語でどんなふうにいうのか教えてよ」

「ナマステ。メ　バラティア　トモミ　ホン。メネ　サリー　ペエニー　ヘー。ハン　ガイコープー　ジュー　テ　ヘン。これはニューデリー地方のヒンディ語だけどこれでいいかな」

「ありがとう。助かった」

こんなやり取りが続きました。彼が出張に出かけたインドまで最後にはFAXを送り、また日本に送り返してもらったりしました。中国語やフィンランド語、韓国語も同様の取り組みで子どもたちのリクエストに応えました。

中本先生は演劇グループの担当でした。

「外国が舞台のいい脚本あったら、教えてください」

というので、家にある脚本を持ってきて渡しました。そのなかから、中本先生と子どもたちは、私の奥さんが書いた「ぼくらのロビンフットごっこ」を選びました。物語は、イギリスはシャーウッドの森の近くの子どもたちが、赤組と青組にわかれてロビンフットごっこをやりながら、どちらが勇気があるか比べあうというものです。荒れ果てたお城に出るという幽霊を見つけたほうが勝ちということでお城に出かけるのですが、幽霊に二人の子どもがつかまってしまうのです。幽霊は聴覚障害者のお爺さんでした。赤組のデビットが聴覚障害者で、手話でお爺さんと話し、みんなも手話を教わって許してくれるように頼み、仲良くなるというストーリーでした。

「おいしいお昼をごちそうするから、手話を教えにきてよ」

と、これまた友人を学校に招きました。

「『ねっ、お願い、助けて!』って手話でどうやるの?」

子どもたちは真剣です。

「お寺にいくと手を合わせて拝むでしょ。それが、お願い。助けては、片手をこぶしにしてそれを左手で二回つかむの。みんなでいっしょにやってみようか」

やさしい指導に一年生も喜んでやっています。中本先生もほっと安心の表情でした。中本先生は臨任の先生で、育児休業の先生の代替えで勤務しており、交流集会の一週間後に学校を去るという予定でした。別れが悲しくなるまえに食事の会をと、教頭先生と三人でおいしく食べたのです。

中本先生は、子どもたちの心のつぶやきを文章に表現させるのがとても上手でした。いつまでもいてほしい先生だったのです。

「私の現在の最大の悩みは演劇の指導です。ふりがなつきの台本を一字一字指でたどりながら読むだけでも精いっぱいの一年生。最後だからどうしてもこの役をやりたいという六年生。なかなか立ち稽古までたどりつかないの。あと何日と数えると夜も眠れません」

というので、手伝うことにしました。いっしょに二日間練習して、ちょっと大胆に最後までもっていきました。

それからは中本先生と子どもたちが朝練習と放課後の練習を続け、みんなの顔に自信がでてきました。当日も台詞が前後したアクシデントがあったものの拍手喝采《かっさい》で幕がしまりました。赤組のロビンフット役の久美子ちゃんは、

「幕がしまった後、みんなヤッターと大きい声で叫んだ。中本先生がやってきて、涙をうかべて『久美子ちゃん、ありがとう!』といってくれた。あとすこしでやめる中本先生とたくさん話せてうれしかったし、いろいろな人とかかわって交流が深められてよかった。いい思い出になりました」

と感想を書きました。

二週間でタテ割り班の二十一人の子どもたちといっしょに演劇を作りあげた中本先生も新しい財産が増えたようです。子どもたちにも自分への自信という大きな財産ができました。私の高校時代に演劇部だった経験や何回かクラブ活動で子どもたちと公演したことが役にたったようです。演劇は人間を一回り大きくしてくれますね。

さて、交流集会では校長の出番もありました。

「五分の持ち時間です。世界を感じさせて子どもたちや地域のお年寄り、保護者のみんなをあっと言わせてください」

と教頭先生にプレッシャーをかけられました。当日は、金髪のかつらのうえに昨日の夜に急いで作った山高帽をかぶり、蝶ネクタイに黒マントを羽織り、宝の箱を手に持って登場しました。アンデルセンに扮したのです。宝の箱を開けて童話を取りだし、「マッチ売りの少女」を読みました。それから、

「マッチ売りの少女が持っていたマッチを借りてきたよ。このマッチを擦ると願いが一つかなうんだって。だれかティッシュを一枚ちょうだい。これをお金に変えてみよう」

といってマッチを取りだしました。子どもが持ってきたティッシュに火をつけました。会場はシーンと静まりました。気合いとともに燃える火を両手で包みもみ消しました。そしてそこから一万円札を取りだしたのです。大喚声があがりました。こうして交流集会は幕を閉じました。

校長もたくさん芸を持っていないといけませんね。

学校に講談がやってきた

〝講釈師《こうしゃくし》　扇子《せんす》で　ウソをたたきだし〟

江戸時代に日本にはたくさんの文化が育ちました。講談もそのひとつです。講談は、徳川家康に歴史を講義したのが始まりといわれています。「パパンパン　パン　パパン」と扇子を叩いて、「やあやあ　われこそは　清和源氏の流れをくむ　源九郎義経な～り」というアレですが、お聞きになったことはありますか？

十数年まえ、上野の本牧亭で、宝井琴梅《たからいきんばい》・宝井琴桜《たからいきんおう》さん夫婦の講談を聞いて、すっかりファンになってしまいました。かれらの講談は、まったくのオリジナルで、自分が興味をもった題材を根気よくしらべ、構成し、一つの講談に創りあげてしまうのです。

「授業づくりと同じだなあ！」というのがファンになった理由です。自分自身で取材し、資料を集めて、一つの〝話〟にする作業は、私の授業づくりとまったく同じでした。また、その質の高さにも驚いたのです。

その宝井琴桜さんが学校にやってきました。芸術鑑賞会で「講談を聞く会」を計画したのです。小学生に講談なんてわかるわけないという意見もあるでしょうが、講談の持つ独特のリズムを聞いておくと、子どもたちが取り組んでいる群読学習に大きなプラスになるだろうと思ったのです。

今回の出し物は、江戸時代に空を飛ぼうとあこがれた「鳥人、幸吉」の話でした。

「講談ってナアーに?」

「きょうはおもしろい話が聞けるんだよね」

初めて聞く子どもたちは、どんなものかチンプンカンプンですが、興味津々、袴姿の宝井琴桜さんが登場すると割れるような拍手で迎えました。

「子どもたちがわからなくともいいから、古典を一つやってください」

そうお願いしていたので、最初は武田信玄と徳川家康の三方が原の合戦のさわりを講じてもらいました。言葉の意味はいま一つわからない子どもたちも、リズムのある話に聞き入りました。高学年は興味深そうに聞いていますし、一年生も着物姿の宝井琴桜をながめて扇子が鳴るたびに体を揺すっています。

つぎは、世界で初めて空を飛んだ「鳥人、幸吉」の話でした。弟思いの幸吉が故郷に飛んで帰れたらという思いで空を飛ぶことを考えはじめます。何度も失敗し足を折ったりしながらも、くじけぬ幸吉に子どもたちは引きつけられていきました。橋の欄干から飛び下りるときは、手をぐっと握り締めていました。

「日本人が最初に空を飛んだなんてびっくりしたあ」

「幸吉ってすごい人だね」

「講談っておもしろいなあ」

「琴桜さんのサインほしいな」

たくさんの拍手で琴桜さんを送ったあと、ステージに集まってきた子どもたちは興奮して話しかけてきました。

「きょうの芸術鑑賞会でお話を聞いて、生々しくって、一人芝居をしているみたいに語りかけていて、すごいと思いました」

「きょうの講談おもしろかったです。何がおもしろかったかっていうと、知らない話を知ることができたり、なぜ『はりせん』と『扇子』をいっしょに持つかがわかったりしたからです。知らない話というのはライト兄弟よりもまえに空を飛んだ人がいるということです。わざわざ5メートルも9メートルもある羽を身につけ飛んだなんてものすごく空が飛びたかったんだな！　だけどそのかいあって空が飛べて自分の夢がかなって、さぞかしうれしかったと思います」

子どもたちはこんな感想を書いてくれました。学校は講談で弾みました。

「最近、私に弟子ができたんですよ。それが五十歳を過ぎた人。詩の朗読が好きから始まって講談にはまり、会社をやめて弟子にしてくれといって帰らないんですよ」

琴桜さんから講談の話や講談づくりの取材の苦労話などうかがいました。いろんな場で何回か講演してもらった顔なじみなのです。給食を食べながら、多様な表現の魅力を感じていました。

「校長先生ありがとう。すてきな計画でした。私も豊かになった気分です」

いっしょに聞いたお母さんからこんな伝言をもらいました。

子どもたちは世界へはばたく

夏のフレネ教育者国際集会で仲よくなったセネガルのパパ・メイサ先生から手紙がきました。

「お元気ですか。夏のRIDEFではとてもお世話になりありがとうございました。とても楽しく意義深い環境のアトリエでした。参加してほんとうによかった。さて、あなたの学校とセネガルの子どもたちと文通しませんか。英語で手紙をくれれば、フランス語に直して子どもたちに渡します。よろしく!」

こんな手紙でした。さっそく、先生たちに朝の打ち合わせで紹介しました。

「アフリカのセネガルって国を知ってますか? パリ・ダカールラリーのゴールになるダカールが首都の国です。日本との貿易はアフリカのなかでも大きなほうです。その田舎の学校の先生から子どもたちが文通しようという呼びかけがきたけど、やりたいクラスがあったら声をかけてください」

「校長先生、二年生でもいいですか？」

と早くも反応がありました。二年生の先生は、夏の国際集会にも参加した先生でした。

「もちろん。子どもたちと手紙を書いてみてください。写真や絵がはいってると喜ぶよ」

「わかりました。子どもたちと考えてみます」

二年生は、校長室にどんなふうに書いたらいいのか相談にやってきましたが、自分の写真を貼ったり、かわいい絵を色エンピツで描いたりして楽しく手紙を作りました。

★わたしは、めだかをかっています。このまえたまごをうんであかちゃんがうまれました。あなたはなにかかっていますか、かっていませんか。それから学校はたのしいですか。
★わたしはかぞくが六人います。わたしは七才です。わたしにはともだちがいっぱいいます。あなたはなんにんともだちがいますか？
★こんにちは。日本からアフリカまで何時間かかるのかな。それとも何日かかな？　アフリカってどういうところかおしえてください。
★こんにちは。ぼくは八才です。やきゅうがだいすきです。きみはやきゅうがすきですか？　きらいですか？　おしえてください。
★セネガルはあついですか？　日本は夏あつくて、冬はさむいです。わたしはカレーライスとマーボーどうふがすきです。あなたはどんな食べ物がすきですか?

手紙には楽しい内容が踊っていました。これを担任の先生が英語に直しました。手紙はセネガルの学校へ航空便で送りました。

「校長先生、セネガルからまだ返事こない?」

翌日から、二年生が毎日、まだかまだかとやってきました。

待ちに待ったセネガルからの手紙は三か月後にやってきました。手紙がきたよと渡すと、二年生は歓声をあげました。一人ひとりにかわいい手紙がはいっています。あずさちゃんには〝ボンジュールあずさ〟というコウンバ・ワデちゃんからの返事でした。

★こんにちは、あずさちゃん。私の名前はCoumba Wadeです。私は女の子です。私はアフリカの音楽が大好きです。それから質問への答え。私も家で動物を飼っています。学校はとても楽しいです。あなたは魚は食べますか。

あずさちゃんは跳びあがって喜びました。うれしそうに手紙を見せてくれました。

★ボンジュールはるか、私はHbdou Dieyeです。あなたの手紙がきてとってもしあわせ。

私はサッカーが好きです。お父さんは畑で働いています。お母さんは料理を作ります。

★ボンジュール長島。私はＦａｎｔａ　Ｔｅｕｗです。私たちのクラスには五十二名の子どもたちがいます。質問に答えます。セネガルは雪が降りません。私は犬を飼っていません。羊を飼っています。私からの質問は、何クラス学校にありますか？　学校にどんな木がありますか？　音楽好きですか？

担任の先生が訳したり、私や家族の人が訳したりしましたが、

「家族中、興奮しました。久しぶりに辞書を引きました。学生にもどった気分。子どもの頃からこんな経験ができて幸福ですね」

と、お母さんたちも盛りあがっていました。

子どもたちはアフリカが身近になりました。子どもたちの世界がインターナショナルになっていきます。

「校長先生、ペルーに友達はいない？　ペルーと文通したいな」

六年生が、二年生に刺激されてやってきました。スペイン語のわかるシルビアちゃんを生かして文通できたらと担任の先生も意欲的です。

「ペルーは友達がいないけど、ブラジルならいるよ。スペイン語とポルトガル語は似ているから、

スペイン語で手紙を出しても通じるよ」

「それはいい。シルビアも喜ぶから校長先生ブラジルに手紙書いてお願いしてください」

ブラジルに手紙を書きました。英語を話さないクラウデア先生には、シルビアのお父さんが私の手紙をスペイン語に訳してくれました。

クラウデア先生も大賛成で、六年生はうれしそうに手紙を書きました。それをシルビアやお父さん、おかあさんがスペイン語に訳してくれました。こうして子どもたちの手紙はブラジルに飛んでいきました。

二年生はセネガルへお手紙と新年のプレゼントを作っています。四年生はスウェーデンへ手紙を出したので、そろそろ返事がくるでしょう。五年生はフィンランドの子どもたちと交流が始まろうとしています。子どもたちの夢は、世界へはばたいています。

「総合的な学習の時間」では、国際理解学習をその一つに取りあげています。外国に自分の友達ができるってすてきなことですね。国際理解学習は楽しくすべりだしています。

校長室からの発信『サウス・ウインド』

いままでの「学校だより」とは別に、学校の素顔を保護者に届けようと、『校長室だより　サウス・ウインド』を発行することにしました。「月行事予定」や「諸連絡」の通信からはなれて、子どもたちの学校での様子や、子育てのどたばた、教育の課題などを、自然体で発信し、保護者のみなさんと連帯できたらと考えたのです。また、堅苦しいと読んでくれないと思い、私の好きな詩や脚本などをいっしょに載せて柔らかい内容にしようと思いました。

「校長先生が、こんな通信を出してるのか。学校もかわったな」

「詩はどこから探してくるのですか？　毎週、サウス・ウインドが楽しみです」

こんな反応も届くようになってきました。素顔が見える学校には、安心して子どもたちを預けることができるのではないでしょうか。「開かれた学校づくり」が課題となっています。このような発信も、その一つの試みになると思います。

校長室だよりNo. 8　サウス　ウインド　1999.2.8

〈縁側〉

雲と新之助

新之助「ねえ！　きいてるの！？」

雲　「―――― 」

新之助「父上！　ねえってば！」

雲　「―――― 」

新之助「テストで百点とったんだよ！」

雲　「―――― 」

新之助「ねえ！　きいてるの！」

雲　「きいてますよ」

新之助「それじゃア何とかいってくださいよ！」

雲　「ヘエ、とりましたか」

新之助、バンと床をたたく。

新之助「もっと別の言い方」

雲　「何ですか」

新之助「ヘエ、とりましたかなンて簡単なンじゃなく」

雲　「ほかに言い方があるンですか？」

間。

新之助「父上」

雲　「ハイ」

新之助「子どもが百点をとってきたときにはね、ふつうの家ではうンとほめるもンなの」

雲　「ヘエ」

新之助「そうすると子どもの励みになるでしょう？」

雲　「なるほど」

新之助「だから、父上も。―――― 何か感想」

雲　「つまんないでしょう」

新之助「何が」

雲　「だっていったん百点とると、今度とれなかったとき困らねえですか？」

新之助「どうして」

雲　「自分がダメになった気がして」

新之助「―――― 」

雲　「ア、百点の上あるンですか？」

新之助「―――― 」

雲　「百二十点とか、百六十点とか」

新之助「―――― 」

かめの声「何をしてるンです」

ジョージ秋山作の漫画に『浮浪雲』という作品があります。時は幕末、坂本竜馬が通ったり、時代の有名人が行き交う品川宿でのお話です。私は、ここに出てくる「雲」という新之助の父親が好きなのです。いい女を見るとすぐ「わちきと遊ばない」と声を掛ける軽薄さと、真に哲学的だったりするところを合わせ持っているのに惹かれるのです。この脚本は、テレビのために倉本聰さんが書き下ろしたものです。さて、初めて（おそらく）百点を取ってきた新之助くんは父に感想を求めます。いっぱいほめてほしいと常識的に思うのです。しかし、父親は、「つまんないでしょう」と期待の概念を砕いてしまいます。そして「今度とれない時に自分がダメになった気がするよ」と、人間が育つという視点で話します。全くの常識人だった新之助くんは、ハッとして言葉がでてきません。

先生たちも、いい点をつける時はよいのですが、悪い点をつける時は心が痛みます。家に帰るまでの子どもの顔や帰ってからの様子が目に浮かぶのです。しかられるだろうなと思うのです。さて、学問すること、学ぶことと点数は関係があるのでしょうか？　廊下ですれちがった女の子がニコッとして「百点とっちゃった」と微笑んでくれたので、こんなことを考えました。

校長室だよりNo.12　サウス ウインド　1999.3.8

雛祭りの日に

谷川　俊太郎

娘よ ――――

いつかおまえの
たったひとつの
ほほえみが
ひとりの男を
生かすこともあるだろう

そのほほえみの
やさしさに
父と母は
信ずるすべてを
のこすのだ

おのがいのちを
のこすのだ

　バレンタインデーにチョコレートを９個もらってしまいました。もちろん義理チョコ。「３月１４日はホワイトデーだよ。お返し忘れないでね。」と固く念を押されました。チョコがもらえないのはさみしいし、とりわけレディからのチョコがゼロはさみしいななどと、すっかりお菓子会社のコマーシャルに毒されてしまっています。もうすぐホワイトデー、給料日前はつらいなあと、飲み会続きで乏しくなった財布とにらめっこしています。でも、チョコを手渡す時の彼女らの微笑《ほほえみ》、チャーミングですね。この微笑《ほほえみ》が将来、男を悩ませたり勇気づけたりするんだろうなと、『雛祭りの日に』の詩にしました。皆さんもその素敵な“微笑《ほほえみ》”で、一人の男を生かしたことがきっとあったことでしょう。これからもその“微笑《ほほえみ》”を世の男たちへ惜しみ無く！

　スウエーデンの学校から子どもたちの便りが届きました。旭小学校の子どもたちと文通しましょうというお誘いです。『こんにちは。わたしの名前はイザベルです。馬がとっても好きです。お母さんは猫を２匹飼っています。ライナスとフリーダといいます。』『こんにちは日本の皆さん。ぼくはトビアスで１０才です。ぼくは女の子が好きです。男の子は女の子をこわがっているみたいだけど、そんなのはいやです。環境をあんまり悪くしなければ、ジェームス・ボンドの映画もいいよね。』『こんにちは。わたしの名前はジェニーです。スウエーデンには白熊はいません。日本には火山はありますか。教えて下さい。』こんな可愛い１９人の手紙が入っていました。
　朝会で「１０才の子が多いから４年生の希望者が文通してみませんか？」と声をかけたら、「やりたい！」とたくさん手が上がりました。「外国の友だちを作りたい！」「友だちになって外国に旅行したい！」「外国の友だちの声を聞いてみたい」など、たくさんの夢が子どもたちにふくらみました。“微笑《ほほえみ》”も海を越えて世界へ羽ばたいていきます。

校長室だよりNo.23　サウス　ウインド　1999.6.7

葉　月

阪田　寛夫

こんやは二時間も待ったに
なんで来てくれなんだのか
おれはほんまにつらい
あんまりつらいから
関西線にとびこんで死にたいわ
そやけどあんたをうらみはせんで
あんたはやさしいて
ええひとやから
ころしたりせえへん
死ぬのんはわしの方や
あんたは心がまっすぐして
おれは大まがり
さりながら
わいのむねに穴あいて
風がすかすかぬけよんねん
つべとうて
くるしいて
まるでろうやにほりこまれて
電気ぱちんと消されたみたいや
ほんまに切ない　お月さん

――――　お月さんやて
あほうなこと云いました
さいなら　わしゃもうあかへん
死なんでおれへん
電車がええのや
ガーッときたら
ギョキッと首がこんころぶわ
そやけど
むかしから
女に二時間待たされたからて
死んだ男がおるやろか
それを思うとはずかしい

詩集『わたしの動物園』より

阪神タイガーズが大活躍しています。トラファンの多い職員室では、にわか大阪弁が幅をきかせています。「六甲おろし」の大合唱の雰囲気のままに気焔が吹き荒れているのです。で、つい大阪弁の詩になってしまいました。「あなたは好きな人を最高で何時間待ったことがありますか？」この詩の作者阪田さんの心、わかりますねエ。いくつになっても恋するハラハラは切ないようです。

さて、引き渡し訓練お疲れさまでした。意気地のない梅雨で、梅雨入り宣言したのに暑さがやってきてしまいました。もう少し涼しいと助かったのに。今、「東海地震」「南関東地震」「神奈川県西部地震」の三つの地震がいつきてもおかしくない状況といわれています。その中でも「南関東地震」は、最も三浦市に被害を及ぼすと想定されています。M７．９の想定で冬のある日に地震が起きたとして、県が想定した三浦市の被害は、死者１３０人、負傷者２７０人、り災世帯３，４２０世帯、り災人口１２，１２０人、り災棟数４，３２２棟、木造大破１，４５９棟、火災発生件数９件、火災焼失棟数３，１１０棟という膨大なものです。

水道やガスは１００％の被害を受け復旧には１カ月、電気は４８％の被害で復旧に１週間と予想されています。さらに津波が襲いかかります。上宮田には第１波が９分後にやってきて、最高水位は２．６２ｍで３８分後に到達すると予想されています。これはあくまでも予想ですから、これ以上の被害が出る可能性も考えておく必要があります。

このような条件下での引き渡し下校訓練でした。神戸大地震の記録を読みますと、２～３日は食糧、水、トイレなど自力での準備の必要性がわかります。今、水道がこなくなっても飲み水はありますか？食糧は？燃料は？家庭でも１年に１度は考え、準備するものは準備しておく必要がありそうです。

学校では、警報発令時はただちに児童を下校させます。しかし、家庭に保護者がいない時は、学校で保護しておきます。大地震発生時には児童を学校で保護し引取りにこられるのを待つことになります。そんな時には至急学校にお子さんを引き取りに来て下さい。

学校にいる時間を６時間とすると１日の１／４が学校で、３／４は家庭やほかの場所にいることになります。どこで地震にあうかわからないことが考えられます。「地震にあったらこうしよう」という家族の約束をぜひ作っておいて下さい。古人曰く、『災害は忘れた頃にやってくる』

校長室だよりNo.28　サウス　ウインド　1999.7.12

靴　下

室生　犀星

毛糸にて編める靴下をもはかせ
好めるおもちゃをも入れ
あみがさ　わらぢのたぐひをもをさめ
石をもてひつぎを打ち
かくて野に出でゆかしめぬ

おのれ父たるゆゑに
野辺の送りをすべきものにあらずと
われひとり留まり
庭などをながめあるほどに
耐えがたくなり
煙草を嚙みしめにけり

室生犀星「忘春詩集」より

「変な人だね。たばこを嚙むなんて・・・。食べるのかなあ？」と聞くと、「"ひつぎ"って書いてあるから、お葬式じゃないの。」「おもちゃを入れてるから子どもが亡くなったんだよ。」「"耐えがたくなり"ってあるから、悲しくってたばこを吸えなくて嚙みしめたんだよ、きっと。」と、子どもたちは解釈を深めていきます。

室生犀星は、１才の長男豹太郎を大正１１年に失います。一家の主は、野辺の送りをしないという地方の風習に従い一人家へ残ります。「耐えがたくなり　煙草を嚙みしめにけり」という表現に、彼の無念さが伝わってきます。子どもたちは父親の気持ちに迫っていきます。むずかしい詩ですが、すてきな詩は子どもたちの心に強烈な印象を残しますね。

最近、家庭に父親がいなくなったといわれます。母親が二人いるようだというのです。こわい存在としての父親がいなくなり、変に物分かりのいい父親が増え、小言をいうのも叱るのも母親と同じレベルで同じような事しか言わないのだそうです。

確かに我が家でも一番こわい存在は奥さんで、すっかり権限は奥さんに移ってしまっていますから、このような家庭が増えたのでしょう。この現象は、男女同権が定着したといったらいいのか、はたまた権限を委譲したふりをしているだけさといったらよいのか。両者がごちゃまぜの状況なのでしょう。

子どもたちはこんな中で成長していきます。そしてもうすぐ通知表を貰ってきます。通知表を見て、母親と同じことしか言えないとすると、子どもたちは少し悲しいのではないでしょうか。母親には現実を正確に見抜く長所が備わっています。父親には遠くを見通し、舵を取る先見性が備わっています。この両者がうまい具合に絡み合って子どもを育てていくのが理想では・・・。

ぜひ、母親、父親、違った視点で子どもたちに話してあげて下さいね。

さて、まだ梅雨明け宣言もないのですが来週から夏休みに入ります。きっと、もうすぐ太陽が燦々とふりそそぐ真夏がやってくることでしょう。子どもたちは騒音というリボンをつけて帰ってきます。「ねっ、どっか行きたい。連れてって！」と、叫び続けることでしょう。しかし、ドギマギすることはありません。家族の計画にしたがって悠然としていてください。そして、家族の一員としての仕事を割り振って下さい。生活自立を教える好機です。子どもが成長するすばらしい夏休みになることを期待しています。

校長室だよりNo.32　サウス　ウインド　1999.9.28

前　へ

大木　実

少年の日読んだ「家なき子」の物語の結びは、
こういう言葉で終わっている。
――― 前へ。
僕はこの言葉が好きだ。

物語は終わっても、僕らの人生は終わらない。
僕らの人生の不幸は終わりがない。
希望を失わず、つねに前へ進んでいく、
物語の中の少年ルミよ。
僕はあの健気なルミが好きだ。

辛いこと、厭なこと、哀しいことに、
出会うたび、
僕は弱い自分を励ます。
――― 前へ

6年生と日光修学旅行へ出かけてきました。台風接近の中、天気予報に注意しながらの2日間でしたが、日頃の行いが良い（！？）のか、幸いにも大きな影響はなく、元気に楽しむことができました。

横須賀駅から専用列車に乗り込むと、子どもたちは大はしゃぎ。うれしさを顔いっぱいにして、お菓子タイムに歓声を挙げたり、トランプに興じたり、4時間もあっという間でした。

日光駅からバスに乗り込み山への道をたどりました。足尾銅山観光の坑道のろう人形に昔の労働のきつさを思い、山の木の少なさに鉱毒被害を感じたりしながら、いよいよバスはいろは坂へ。右に左に大きく傾くバスに大騒ぎ。華厳滝は勇壮に流れ落ちていました。

旅館では、待ちに待った買い物ざんまい。「長寿箸はおじいちゃんとおばあちゃんに。お父さんお母さんにはゆばを。お兄ちゃんにはさて何にしようか？」悩みは時間いっぱい続きました。男の子は日光刀や十字架のペンダント、女の子はゆばや羊羹の実用品が多かったようです。

消灯後は楽しい秘密の時間、枕投げをしたりダベったり。私が12時に回っていくと、あら不思議、どの部屋も静か。「優等生だな」っと思ったら、その後、男の子の部屋をアタックしたり、布団の中で懐中電灯片手におしゃべりしたりとそれなりにエンジョイしたようです。

32°Cにもなった2日目は東照宮見学。見ざる聞かざる言わざるの三猿や陽明門や眠り猫、鳴き龍等を案内人の説明を聞きながら回りました。「私、感激しちゃったあ。こんなに説明を熱心に聞いてくれる学校ははじめてですよ。」と、若い案内人の女性にほめられてしまいました。実はクイズを予め出してあったので答を書くのに、よく聞くしかなかっただけなのですが・・。何はともあれ旅館の方にも「しっかりしたお子さんたちですね」と絶賛されて、旭小学校の名を高めて帰ってきました。

「学ぶ」とは漢字や計算ができるようになることだけではありません。自分の今ある状況や「世界」を正確に読み、自分の進む方向をしっかり見定めることができるようになるのが「学ぶ」ことの本当の意味です。それには豊富な経験が不可欠です。2日間の修学旅行がいろんな意味で子どもたちを伸ばしてくれたと感じました。

10月3日は運動会です。また「学ぶ」大きなチャンスです。「前へ」と自分の心を励まして『力いっぱい！』トライしてほしいと願っています。

カブトムシの里を作ろう

「カブトムシの幼虫がたくさんいるけど、学校で育てませんか？」

ＰＴＡ役員の小川さんが校長室を覗いて言いました。堆肥《たいひ》づくりのチップの下からたくさん幼虫が出てきたというのです。

「幼虫がいるんですか？　子どもたちが喜びますよ」

「二百匹以上もの幼虫が見つかったので少し持ってきました」

空き時間だった三年生の川上先生に話したら身を乗りだしてきました。そして、先生が教室にもどるとすぐ、子どもたちが目を輝かせて飛んできました。さっそく小川さんが持ってきたプラスチックの樽三個に腐葉土を入れて、そのなかに幼虫を移しました。

「家でも育ててみたーい」

子どもたちの必死の願いが通じて、一人二～三匹持って帰れることになりました。

「まだ三百匹くらいいるけど、どうしましょうか？」

「学校林で育てるのはどうだろう？　学校林をカブトムシの里にしたら……」

「うわあ、育てたい！」

「校長先生、それいいですね。やりましょう」

川上先生がさっそくやる気になりました。

学校には敷地の二倍の広さの学校林があるのです。トンボを研究している河田先生のアドバイスで、水場の近くでコナラの木の多い場所に、木くずや腐葉土と幼虫を運び、カブトムシの里を作ることになりました。子どもたちは、重いバケツを片手に山を登り、そして水場の近くへ下りていきます。何回も何回も往復しています。もう、手は真っ赤です。カブトムシの里はかんたんにはできませんね。汗まみれになっては、夏にあの黒い角のカブトムシを両手いっぱいに抱える姿を想像しながら、みんなつらい労働に耐えました。


子どもたちは理科の時間にカブトムシについて調べました。

「カブトムシの食物はクヌギやコナラから出る樹液なんだよ」

「樹液に集まったオスのなかで一番強いオスとメスが交尾して卵を産むんだよ」

「メスは前足で落ち葉の下を掘り進んで深くもぐって、卵を三十〜五十個くらい産むんだって」

「幼虫は、二回脱皮するんだよ」

「幼虫は腐葉土をもりもり食べて大きくなるって。さなぎになるまでの十か月間で産まれたときの三百倍もの大きさになるって図鑑に書いてあった。すごいね」

「カブトムシどうした？」と聞くと、子どもたちは目を輝かして教えてくれました。


子どもたちは冬になっても、エサになる木くずや腐葉土を運び続けました。三年生はカブトムシとともに過ごしました。


「よく頑張るね」

「平気平気、夏にはカブトムシをたくさん取るんだあ」

子どもたちは夏を夢見て明るく頑張りました。


四月になって担任が須藤先生に代わりました。

「須藤先生、子どもたちとカブトムシを学校林で育ててきたけど引き継いでやってくれます？」

三年生は一クラスだったので、子どもたちはそのままそろって四年生になったのです。川上先生は五年生の担任になりました。

「私、ムシは得意でないけど、川上先生も手伝ってくれたら喜んでお付き合いします」

「ぼくのクラスといっしょにやりましょう」

席もとなり同士の二人は、こうしていっしょにカブトムシの里づくりの作業をすることになりました。

夏が来ました。いよいよ、学校のなかの倉庫に置いた樽のカブトムシが腐葉土のなかから顔を出しはじめました。廊下まで這い出してきたカブトムシを見かけることも多くなりました。子どもたちはニカニカしています。

でも、学校林のカブトムシはなかなか出てきません。

「どうしたんだろう？　温度がまだ低いのかな？」

「このままだと夏休みにはいっちゃうね」

「でも夏休みにはいるまえに掘り出してみようね。たくさんいたら学校の子どもたちみんなに分けてあげよう」

子どもたちは何百匹ものカブトムシが這い出てくるのを疑っていません。七月十七日、四年生は勇んで学校林に出かけました。

「いなーい」

なんと、学校林のカブトムシは十匹しか見つからなかったというのです。せっかく、覆いをかけて外に出ないようにしたのにどうしたのでしょうか。冬の寒さにやられたのか、それとも盗まれてしまったのか、くやしい顔がそろいました。

「まだ温度が低くってきっと土のなか深くはいっているのかもね」

「夏休みにまた掘り返そう」

子どもたちは全校に呼びかけたのに、カブトムシが少ないのでがっくりきています。

「雨の日が多かったので山は温度が低いから、もっと暑くなったら出てくるよ」

「そうかなあ。みんなに分けてあげたかったなあ」

子どもたちは残念そうです。夏休みにまた、掘り出すことになりました。


「山には蛇やトカゲやネズミやモグラがいるからやられたのかなあ?」

たしかに幼虫の天敵は蛇やトカゲやネズミやモグラなどです。

「小川さんは一度入れた腐葉土の幼虫のうえに、またたくさんの腐葉土をかぶせてしまったから、最初のが酸欠になったかもしれないと話してましたよ」

「すんなり成功はさせてくれないね。もうあきらめる?」

「何を言ってるんですか、また来年もやりますよ」

「来年も挑戦するぞ!」

四年生はカブトムシの里づくりに、再度、取り組む決意です。

「校長先生、来年は学校林の入り口近くに作ります」

川上先生も須藤先生も成功するまで頑張る気です。

しかし、夏休みには、数十匹カブトムシが飛び回ったものの何百の大群は出現しませんでした。

学校のなかには、倉庫の桶から出てきたカブトムシが飛び回っています。見つけると子どもたちは喚声をあげ飛びつきました。

「桶から出てきたカブトムシをもらっていい？」

「いいとも」

子どもたちは気を取りなおしました。

四年生の悟くんが夏休みの自由研究でこんな読書感想文を書いてきました。

『地球のこどもたちへ』を読んで
ぼくのことだと思いました。だれからのメッセージだろう、表紙のトラの目が少しさびしそうに見えるのも気になりました。ドキドキしながら読み始めました。
地球からぼくに助けを求める手紙でした。地球にはたくさんの人が住んでいます。ライオン、犬、ねこなど動物もたくさん住んでいます。でも、このままだと、地球はどんどんきたなくなって、生き物たちが住めなくなってしまいます。人間が木を切りたおしたりゴミを投げ捨てたりするからです。ぼくは、そんなに地球がよごれているとは知りませんでした。

ぼくは、カブトムシが大好きです。クラスで三年の時から幼虫を育て、百匹くらい成虫にしました。幼虫をうめた学校林に、ふよう土をバケツで運んで育てました。今年の夏、どんどん成虫になったのでうれしかったです。でも、このままだと、カブトムシもすみかをなくして死んでしまうでしょうか。そうなったらぼくは悲しい。本の中に出てきたサメ、クジラ、ライオンみんないなくなったら地球が暗くなってしまいます。暗くならないようにするためにぼくは何ができるのだろう。なにをすればいいのだろうか。

でも、ぼくも地球をよごしています。海に遊びにいくと、ゴミぶくろを持っていてもめんどくさくなってそのまますててしまったり、道にジュースのかんを置いてきてしまったりします。それがとてもいけないと気がつきました。そうすると町はどんどんきたなくなって空気も悪くなります。ぼくはそんなに悪いことをしていると思っていませんでした。虫や動物がすきなのにころしてしまうようなものです。ごめんなさい。でも、ぼく一人がいっしょうけんめいかんをひろったりしても地球のためになるのかな。ぼくは明日から、ゴミをすてると地球から動物たちがいなくなってしまうことを友達に話します。そして、ゴミがあったらひろいます。それが今ぼくにできることです。急にはきれいにならなくても、ぼくは毎日気をつけます。そんな小さなことしかできないけれどがんばろうと思います。

ぼくも地球に住んでいます。地球はぼくの家でもあります。動物たちと兄弟です。動物たち、こん虫、魚、それとぼくがいつもにこにこ遊べるように、楽しくすごせるように地球をすきになって大事にします。

カブトムシを育てたことも地球を大事にしたことにつながるのかな。もしそうなら、大変だけど楽しいことだし、うれしかったな。いっしょうけんめい木にのぼったり、みつをすったり、幼虫から成虫になっていくカブトムシを見ていたら、大切だったしとても大事に思いました。大事にすれば、地球もにこにこしてくれると思います。地球に悟くんありがとうと言われるように、毎日いっしょうけんめいがんばります。

（『地球のこどもたちへ』シム・シメール作・小梨直訳、小学館）

私たち大人は、カブトムシをたくさん成虫にすることばかりに気をとられ、うまくいかずにがっかりしたのに、子どもたちはカブトムシとの学習で自然に深くかかわり、地球環境の大切さまで考える基盤を学んでいました。感想文を読んでうれしくなりました。自然との対話や自然への情熱がたくさんのことを学ばしてくれることにいまさらながら驚きました。

カブトムシの里づくりは今年も続きます。また楽しみです。

校長、愉快なセミナーを開催する

第1回・〝ラブレターの授業〟は混沌のなかで……

希望する人がだれでも参加できる〝校長の愉快なセミナー〟を開催します。私が保護者のみなさんにいろんなテーマで授業しながら、いっしょに教育や子育てについて考えていこうという会です。参加は自由。一応、六回くらい予定しようと考えています。

第一回のテーマは『ラブレター』です。どんな授業かは内緒！

みなさんの心にさわやかな風が吹くとうれしいなと思います。興味のあるかたは申し込んでください。

『校長室だより　サウス・ウインド』に、こんな便りを載せました。お母さんたちからつぎのような声が寄せられるようになったからです。

「校長先生の授業って、おもしろいんですってね」

「昨年のPTAの学級委員会の人たち、授業してもらって楽しかったと言ってましたよ」

「私たち希望者にも授業してくれません？」

「そうよ、みんな参加したいっていってますよ」

「ねえ、やりましょう。ケチケチしないで！」

昨年、PTA学級委員会で、校長講話をやってほしいとリクエストされたので、せっかくの機会だからと〝カード破産の授業〟をして、学校にいま求められている授業のことや、今後、取り組まれる教育改革の内容について話したのです。

計算機片手に利息の計算で汗をかいたのに、もう一度やってほしいと要望されたのです。二回目は〝ハンバーガーの授業〟で環境問題を考えたのですが、それが受けたらしく、このリクエストになったようです。

せっかくのリクエストです。お母さんが学ぶ姿勢を見せれば、子どもたちや先生たちにもなにかすてきな影響があるかもと思い、セミナー開催を決心しました。

まあ、十人も集まれば上出来だなと考えていたのに、当日は二十九名のお母さんたちが集まりました。噂を聞いて、近くの学校のお母さんも何人か来てくれました。会場はまるで女子大にいるように華やかです。

「こりゃあ、大変！　いいかげんにお茶をにごしちゃいられないな！」

柄にもなく緊張しました。

〈ACT1〉

★ラブレターの授業って、どんなことをすると思いました？

最初に、どんな授業だと予想したのか聞いてみました。

「さっぱり見当がつかない。どんな内容かアレコレ予想してワクワクして待ってたわ」

「いままで校長先生が書いたラブレターを公開してくれるんでしょ」

「自分の気持ちを相手に伝えるにはどのようにすればより伝えられるか、校長先生の実例が聞けるのかな」

「子どもたちのあいだでラブレターがはやっている……？　親としてはどう考えたらよいか。自分たちの青春時代を振り返って話し合いをするのでは……」

「校長先生が幼少時代から奥様に出会うまでに書かれたラブレターを朗読してもらう」

「人とのかかわり身のまわりのことを考える授業では……」

「実際に書かせられたら嫌だなあと思ってきたわ。書かせないでね」

いろんな予想をもって集まってくれたことがわかります。さて、みなさんだったらラブレターの授業ってどんな授業をすると思いますか？

そういえば、ＮＨＫのテレビ〝ようこそ先輩〟という番組で、脚本家の内館牧子さんが小学生にラブレターを書かせていましたね。

「Ｘ君へ。このラブレターを書くのに、私は一生分の勇気を使いましたから、もう、ほかの人に、好きとはいえません」

小学生も侮れません。驚くほど上手なラブレターですよね。

ラブシーンの脚本のト書きも絶品！

「夕方。少年と少女が向かい合っている。真っ赤な夕焼け空が広がっている。しばしの沈黙……」

（『トランベール』一三六号から）

子どもたちもなかなかやるなと感心しました。あのような授業を想像する人が多いのかもしれません。でも、私には照れがあってそんな授業はできません。

授業はつぎのように展開していきました。

★ラブレターは売ってお金にできると思いますか？

もし、ラブレターで大金をつかめたら一石二鳥では……。

「私のでは売れないな。ずいぶん出したような気がするけど、もらったのは少しだけで売れそうなのはありません」

「お金になると思うわ。もし私が、たとえば、太宰治とでも恋文のやりとりをしていたとしたら、いまごろ発表したら一躍、〝時の人〟になって研究家に高値で売れただろうに……」

「郷ひろみが離婚したときに出版した本もかなり売れたようだし、芸能人をはじめ、いろいろな分野での著名人のものは確実に売れるでしょう」

「売れるわよ。愛は永遠のテーマだもの」

「ラブレターって当事者にしか意味がないので売れないよ」

そこでラブレターが高額で売れた新聞記事を配りました。記事の内容は、「『ライ麦畑でつかまえて』などで知られるアメリカの作家J・D・サリンジャーさんが三十五歳年下の恋人に送った手紙十四通がオークションにかけられ予想価格の二倍の十五万六千五百ドル（約一千九百万円）で落札された。買い取ったのは富豪ピーター・ノートン氏で、サリンジャーさんのプライバシーを守るために手紙はすべて本人に返却するとしている」というものです。

「みなさんもいままでもらったりこれからもらったりするものは大事に持っていると売れるかもしれませんよ」と話したら爆笑になりました。

★ラブレターを出そうと思ったのに便箋がなかったので、つぎのものに書いて切手を貼って出しました。さて、絶対届かないのはどれでしょう？

スリッパ　木の葉　カレンダーの切れ端　折り紙

私の授業は、だんだん色気がなくなっていきます。

「スリッパは厚くて形が変わっているので届かないな」

「でも、こけし郵便なんてあるわよ。厚くっても大丈夫じゃない」

「木の葉は送る途中で欠けてしまうおそれがあるので、郵便としては使えないと思うよ」

「ゴムの葉なんかしっかりしてるよ」

「えっ、私わかんなくなっちゃった」

「でも、きっと生あるものはだめよ。木の葉も生きてるもの、きっとだめだわ」

「スリッパに切手はってもすぐに取れてしまうわよ」

「セメダインという手もありますよ」

「みんなの話を聞いていたら全部送れるような気がしてきた！」


昔、二年生を担任したとき、これらを子どもたちといっしょに出したことがありました。絶対に届かないと思っていたのに、子どもたちの家に届き、感激したりびっくりしたりした経験があるのです。このすべてが届いたのです。この事実を話すと、

「知らなかったわ。校長先生って思いがけないことを聞くのね」

「でも、スリッパでラブレターもらってもうれしくないなあ」

やっぱり色気から遠ざかっていきますね。

★郵便ポストはなぜ赤色なの？　そのままえは何色だったと思う？

出張の日、時間より早く到着してしまったので、近くの喫茶店でコーヒーを飲みながら時間調整しました。このとき、何気なく手にとった雑誌に郵便ポストの記事が載っていました。さっそく、問題に取り入れたのです。

「赤は目立つものね。目立たせるために赤色にしたのよね」

「絶対、目立つから赤よね」

「そのまえは何色だったんだろう？」

「明治三十年代に赤色に。そのまえは違う色。ヒントは、青、緑、黒のうちどれか！」

「風景にやさしい緑かな？」

「意外と目立つ青だったかも」

「日本は渋い黒だったかもよ」

予想は割れました。最初のポストは木肌に墨書してあったそうです。火を付けてなかにほうり込むいたずらが横行して、燃えない鉄製に変わって、色も黒色になったそうです。目立たなかったので赤に変えたとのこと。イギリスも赤ですが、それ以前は緑色だったそうです。

「チリのポストは青だったわ」

「そう、世界ではいろんな色のポストがありますね」

どんどん色気から遠ざかってしまいました。

★あなたがラブレターを書くなら、どの便箋を選びますか?

Aかわいいネコの絵が書いてある便箋　B環境を考えてエコ便箋　C学校の便箋
D朝顔の花がさわやかな涼花便箋　Eその他（　　　）

こんどは便箋の用紙の話題に移りました。

「雨田さんの描いたネコ便箋、大好きでいろんな絵柄を集めています」

「ラブレターは自分の立場から女らしいものを選びます。涼花便箋がいいな」

「エコ便箋は線も絵もないので自分の思いのまま書けるのでいいな」

「やはり、エコ便箋。雑念を払って一途に書き綴れる気がします」

「学校の便箋もオリジナルでいいけど、紙が堅すぎる」

「私の字を見て何人かの男性が、こんな字でラブレターもらったら興ざめしちゃうな、といっていました。そんな情緒のない字にぴったりなのがエコ便箋だわ」

「ネコは大好きなので、どうせ選ぶなら自分で探してきちゃう。もっとすてきなネコの便箋を見つけるな」

これも意見は割れました。いちばん人気のないのが学校の便箋でした。でも、これはわざわざ頼んでインドで作ってもらった便箋なのです。まだ、みんなには内緒にしていました。もちろん、この問いには正解はありません。考えを深めるために、いろんな材料で紙作りをすることにしました。


〈ACT2〉

★牛乳パックから紙を作ろう！

朝から牛乳パックを煮ておきました。家庭科室に場所を移すと、まず、パックのラミネートを剝がすことから始めました。剝がしたパックを細かくちぎり、水といっしょにミキサーにかけます。大和糊を加えてさらにミキシングし、洗面器に入れ、型に紙漉きしました。一週間まえから押し花にしていたものをアクセントに加えて、ガーゼに移し、水を切り、アイロンをかけました。

「あっ、熱で花の色がかわってしまった。紫色が黄色になっちゃった」

「私、初めてパックからハガキを作ったわ。思っていたよりかんたんで楽しい！」

「自分で手づくりしたハガキで出すなんて趣があるわねえ」

「今度の授業参観で息子のクラスが紙づくりするので、先輩の顔ができるわ」

牛乳パックから紙ができると知っている人は多いのですが、意外と体験した人は少ないですね。

★ニンジンで紙を作ろう！

「えっ、ニンジンで紙なんかできるの？」という声を背に、やおらニンジンの皮をむきます。おろし器ですりおろしミキサーに入れ、水を加えます。人数分のニンジンがなかったので、さっきの牛乳パックを少し加えました。ミキサーにかけます。大和糊を加えてさらにミキシングし、洗面器に入れ、型に紙漉きしました。あとは牛乳パックとまったく同じです。がっちりガーゼで形をガードして、ていねいにアイロンをかけて仕上げる人が出てきました。

「まあ、かわいいハガキができた！」

「味わいのあるハガキになったね」

「私も作りたーい教えてえ」

「今度はジャガイモでやってみる！」

みんな調子がでて、さまざまにトライしていきます。

「野菜から紙ができるなんて新鮮！」

★木綿とオクラで紙が作れる！

古い木綿のハンカチを小さく小さく切って、糸屑の山ができるまではさみで切ってもらいました。こぶし大のくずができるまで、丁寧にていねいにきざんでいきます。はたして何ができるのかみんな半信半疑の状態です。

昨夜、ボールにオクラをきざんで入れておいたのをもってくると、ぬめりがぴったしでした。ミキサーに木綿のきざみとオクラ入りのぬめりの水を加えてミキシングします。あとはまえといっしょの作業です。

「わあ、紙ができた」

「オクラが適当に散らばって彩りを添えて、いい感じ」

「木綿からも紙が作れるんだねえ。感激しちゃう」

インドでは木綿はまず服にします。服が破れてくると、それを集めて袋にして使います。その袋も古くなると、雑巾にします。雑巾に耐えられなくなったものを回収して、釜で煮て、紙を漉くというのです。この紙を学校の便箋にしてもらったのですが、日本語を読めない人が作ったので、学校のネームと絵が反対になったのですが、おもしろいので使っています。自然に一番やさしい紙ですよね。

〈エピローグ・色気のないラブレターの授業〉

お昼になってしまったので、まとめはなしでごった返すなかで授業は終わりになりました。紙へのイメージが少し変わってくれればよかったのです。色気のないラブレターの授業でしたので期待外れの人もいたでしょうね。後日、こんな感想が寄せられました。

「紙漉きをしたのははじめてでしたのでとても楽しかったです。自分で作った紙で手紙を出せたら最高ですね。子どもと一緒にまたやってみたいと思います。インドでは本当に最後まで物を大切に使っているんですね。雑巾が紙になるなんてびっくりしました」

「テーマがラブレターでしたが、まずそのモトとなる紙づくりまでするとは思いませんでした。二つと同じ物のない手作り品を手にして、さて誰に文をしたためようかと考えて、やっぱりこういう紙は毛筆が……、少し筆の練習をと欲も広がっています」

「愛の世界に浸れるかなと思ったが、アイロンかけの日常の肉体労働に励むことになった。愛は奉仕であり、待つものではない」

「とても楽しかったのですが、正直なところなぜラブレターという授業なのかな？　と思いながら終わってしまった感じです」

「先生が私たちに何を伝えたいのか考えてみました。私たち女性は出産(出産・母乳・食作り)する側です。ハガキを作って手作りのよさを改めて知ってほしかったのかな？　あたりまえ(常識)という名で自分をしばらず、手作りの楽しさ、おもしろさを子どもと一緒に感じていきたいと思います」

「学校がこうやって地域に開放していただけるのはとてもいいことだと思います。学校と地域が協力して子どもたちを育てていけたらすばらしいと思います。つぎもまた来ます」

「先生の準備も大変だったでしょう。だれでも自由に参加できる形式でやっていただいてありがたかったです。他校の方にもお知らせしたら喜んでくれて満足されていたようです。年代、考え方、いろんなカベを乗り越えて楽しく一緒に学べること、いっぱい教えてください」


学校が保護者や地域と連帯する新しい風は、このような混沌のなかで始まりました。

現代人の心は病んでいる？

校長とお母さんの愉快なセミナー・第2回

第2回は、いまを生きている私たち人間の「心のゆがみ」を、ペットの犬がおかれている現実にスポットを当てて考えてみようと計画しました。現代を生きる私たちの心は、いつしか常軌を外れてしまっているように感じます。この現代人の心の問題をお母さんたちといっしょに考えてみました。

最初にペット経験を尋ねました。

「柴犬を飼ってる。もう十三年になるわ」

「そういえば、はるか昔に犬を飼ってたなあ」

「私も子どもの頃に飼ってたわ」

「小学一年のときにコッカースパニエルを飼っていたけど、いまはハムスターを飼いはじめて二年目だわ」

「犬をいつも三匹くらい飼っていたけど、いまはマンションだから金魚やカメやハムスターで我慢している」

参加したみなさんは、ペットを飼った経験のある人が多くいました。

つぎに、柴犬、シベリアンハスキー、シーズー、ゴールデンリトリバーの犬の写真を貼りました。「いま、飼うとしたらこのなかのどの犬を飼いたいですか?」と聞いたら、いちばん多かったのが柴犬でした。つぎがゴールデンリトリバー。意外と柴犬が人気があるのですね。

「犬を飼うまえに、東京都の衛生局が『犬を飼うってステキですーか?』という冊子を紙芝居にしましたから、それを見てください」

ブックトークをやっているお母さん二人に紙芝居を読んでもらいました。まえもって頼んでおいたのです。愉快な絵がたくさんあるし、深い内容の本だったので、カラーコピーして紙芝居に直しておいたのです。内容はつぎのようなものです。

◇最初に数かずの名犬物語やかっこいいCMの犬たちが登場します。忠犬ハチ公、パトラッシュ、名犬ラッシー、タロー・ジローなど。少年が「いいなあ」とあこがれます。

◇下校時に「かわいい子犬あげます」の張り紙に出会ったり、子犬に会うと、「かわいいなあ」「かいたいなあ」「かおうかな」「かえそうだな」と思いはじめ、「もらい手がなかったら保健所につれていっちゃう……」なんて聞いて思わずギューと子犬を抱きしめ、「助けてあげなきゃ」「ぼくが守ってあげるからね」と、愛と勇気がジワーとわいてくるのを感じて自分で感動してしまったりするんです。無理もありません。動物の赤ちゃんは人の心をやさしくさせる魔法の力を持っているのです。こわいお兄ちゃんやお姉ちゃん、怖いおじさんも、デレーッと「おー、よちよち」。

◇唯一、冷静なのはお母さん。「犬なんてとんでもない。うちの子だけでせいいっぱいだわ」。お母さんは、育てることと愛することが、どれだけたくさんの努力と忍耐を必要とするかよくわかっていますからね。

◇でも、お母さんの反対に敢然と立ち上がるのは子どもです。「毎朝はやおきします」「宿題もちゃんとやります」「学校から帰ったらすぐ勉強します」「ぼくがぜんぶ面倒をみます」。〝犬を飼いたい！〟。

◇いとしいおチビちゃんのためならどんなことだってできると思います。べつにウソをついてるんじゃありません。本気です。ただ長続きしないだけでね。「きっと君をしあわせにするよ」「結婚したらあなたを大切にするわ」。そのときは本気という意味では、大人だって似たようなものですが……。

◇さて、人びとの心に愛と勇気を呼び覚ましたその天使のようなおチビちゃんは……。「新聞は破く」「植木鉢はひっくり返す」「いたるところにウンチはする」。まるで悪魔！「勝手な時間に眠って、勝手な時間に泣き、人の都合も考えずとびつき」、とうとうやせがまんの限界をこえます。「もうヤダ！ 犬なんていらない！」。たいていの人は、このとき、はじめて気がつきます。〝飼いはじめたらやめることができない。〟このことは何度でもくり返しいわなくてはなりません。「日記はもうやーめた」「習字の塾、やーめた」「ジョギング、もうやーめた」。イヤになっても、あきても途中でやめることはできないんですよ。飼うのをやめるということは殺すことと同じです。「たいへんなことをはじめちゃったんだ！」「でも……」。

◇やっかいなチビちゃんがもうすっかり「うちのこ」になっているのに気づくのもこのころ。このへんがお母さんの出番です。「やれやれ、やっぱり」「ちゃんとやるっていったじゃない」。でも、あまりしからないでください。犬を見るたびに良心がチクチク痛むようになってしまうと、子どもは犬が嫌いになってしまいます。犬を飼うことはもともと子どもにできることではありません。金魚やカブトムシや小鳥を飼うのとはちがうんです。「かわいがって」「しかって」「健康に気をつけて」、いつも元気なよい子でいるように子どもを育てるのと同じです。つまり犬はわが家の末っ子みたい。家族みんなで育てるものです。

◇そこで、家族みんなの猛勉強がはじまりました。「しつけ」は人間と犬がいっしょにうまくやっていくための工夫です。でも、これがなかなかうまくいきません。「もしかしたら頭悪いんじゃないかなあ」と、わいてくる不安を「ま、いいか。かわいいんだもん」。ところが！ 子犬はあっというまに大きくなります。世界で一番かわいい(はずだった)おチビちゃんは……。

◇「なんだ、ただの雑種じゃん」。ここでハタと目が覚めて見ると……、「思っていたほどかわいくない」「あてにしていたほどかしこくない」「想像していたより手がかかる」。つまり、期待はずれ！　でもねえ、世の中の犬は、だいたい「期待はずれ」なんですよ。たいていの犬は、名犬にはなれません。「溺れている飼い主を助けたり」「泥棒をつかまえたり」「燃えている家から子どもを助けたり」「大金をひろってきたり」、たぶん、しません。もちろん、世の中にはものすごく賢い犬たちがいます。盲導犬・警察犬・麻薬探知犬・災害救助犬・介護犬。でも、彼らがくり返しくり返し練習を続けていることは意外に知られていません。せっかく覚えても、しょっちゅう復習していないと忘れちゃったりズル休みしたりするんです、犬も。賢い犬でいることは、犬にとっても飼い主にとってもけっこう大変なんです。

◇ほっといても名犬になる犬なんてこの世にはいません。犬のしつけのコツはただひとつ、できるまであきらめないこと！　失敗しても覚えがわるくっても、犬がおバカさんに見えても……、あきらめてはいけません。飼い主があきらめたり投げ出したりしなければ、たいていの犬がかなりのレベルまでいけるはずなんです。でもね、そこまで辛抱できない飼い主が多いんです。「だって、忙しいんだもん」「だって、あいつ頭悪いんだもの」「犬にばかり手をかけていられないわ」。人間にはいくらでもいいわけができますから、「はずれ」は人間のほうかもしれません。

◇はっきりいって、犬を飼うことはだれにでもおすすめできるわけではありません。なぜなら、「病気の治療や予防にはずいぶんお金がかかります」「マンションや社宅に引っ越ししてしまう人じゃこまります」「犬のしつけは本に書いてあるほど簡単ではありません」「たいして格好いいわけでもありません」「近所への気がねで気の休まるヒマもなく」「雨の日も風の日も散歩にいかなくてはなりません」。それが十年以上！　も続きます。「しかも飼い主は犬より先に死んではいけません」。かならず犬の最期をみとどけなければなりません。

◇これだけの努力と辛抱を重ねても、だれもほめてくれるわけじゃないんですよ。十年以上にも及ぶ長い暮らしのなかであなたが得られるものは、犬の純粋でまっすぐなあなたへの愛。そして、たくさんのやさしい思い出……たぶん、それだけです。たったそれだけのことを自分にとってかけがえのないものだと思える人だけが犬を飼ってください。犬を飼ってステキです、あなたがステキな人なら……ね。

（『犬を飼ってステキですーか？』東京都衛生局生活環境部獣医衛生課発行から）


二人のお母さんの熱演に拍手がわきました。感情のこもったすばらしい紙芝居でした。

「とてもわかりやすくていい内容ね」

「たくさんの子どもたちに見てもらって、動物を飼う責任を知ってほしいわ」

「ほんと、行政がこんなステキな冊子を作っているなんて知らなかった」

「ステキな、内容の深いものをよくぞ行政が作ったわね。そこまで状況が大変なのね」

行政が作った冊子には内容のうすいものが多いのに、とても深い内容にみなさんびっくりしました。

★一九九四年、日本でいちばん人気のあった犬はどれでしょう？

A シベリアンハスキー　B シーズー　C ゴールデンリトリバー　D 柴犬

みなさんの意見は割れましたが、ここでＪＫＣ登録数によるグラフを見ました。一九九一年のトップは断然、シベリアンハスキーでした。九二年になるとシベリアンハスキーは二位に落ち、シーズーがトップになります。九四年、日本でいちばん人気のあった犬はシーズーでした。その後、ゴールデンリトリバーに人気が移っていきます。シベリアンハスキーの一九九三年の登録は四万三七六六頭でしたが、一九九四年には一万四二一三頭に激減します。二万九四五三頭も登録されなかったのです。

★流行おくれのシベリアンハスキーは？

A 飼い主が死ぬまで飼い続ける　B 捨てられてしまうのでは

C動物病院で殺されてしまう

「えっ、私だったら最期まで面倒みるわ」

「でも、捨ててしまう人もいるって聞いたわ」

「動物病院で殺すなんて聞いたことないなあ」

「江ノ島に飼ってた猫を捨てていく人が多いって聞いたことあるわ」

「暖かいし魚がいるからエサがあると思うのかなあ」

ここでつぎの資料を出して説明しました。

★一九九五年	神奈川県（横浜市・川崎市を除く）	鎌倉市
犬の収容	二二三八匹	三九匹
犬の引き取り	一四二二匹	三〇匹

「犬の収容」というのは、町を野放しで歩いている犬を捕まえたものです。「犬の引き取り」というのは、もう飼えなくなったから引き取ってくださいと保健所に持ち込まれたものです。現在の法律では、県や指定都市が責任を持つことになっているのです。したがって、横浜市や川崎市などは自前で行なっています。

「私の住んでいる鎌倉市でももう飼えないといって三十匹の犬が九五年に保健所に持ち込まれていますね」

「さて、この犬たちは保健所からどこへ連れていかれるのでしょう?」

「えっ、どこいくのかな?」

「殺されてしまうんじゃないの?」

神奈川県では平塚市にある動物保護センターに運ばれます。千葉県は動物愛護センターで、東京も動物愛護センターです。

「さて、千葉県の動物愛護センターですが、犬がはいる棟は五つの部屋に分かれているそうです。どうして?」

「大きさかなあ。犬の大・中・小なんかでわけるのかな」

「種類別に分けてるのかもよ」

「でも、種類だったら、もっといっぱいあるよ」

「答えはまだ教えません」「いじわるっ!」(笑い)

★この犬たちはどうなる?

A飼い主に戻される　B欲しい人にもらわれる　C殺されてしまう　Dその他

た。


「はぐれた飼い主が探しにきて、もどる犬もいるわよねぇ」

「欲しいからちょうだいという人もきっといると思うな」

どれも当てはまるという意見でした。その他は動物実験に使われるのではという意見がありました。


神奈川県の犬の返還のグラフを出しました。一年間に三百五十匹前後が毎年返還されています。さらに、里親に引き取られるグラフも出しました。一年間に三百匹前後が毎年、里親にもらわれていきます。

保健所は犬を収容すると、市役所の掲示板などに、犬の収容場所・色・大きさといったものを掲示します。期間内に飼い主が引き取りにくればもどれることになるのです。また、動物保護センターでは、動物教室を開催したりして学校をまわったり、町の広場で開いたりして、動物保護を訴えています。里親もそんな努力で見つかっているようです。


「動物保護センターに収容された犬たちに人が近づくと、犬は近づきすり寄ってくるか、それとも猛烈にほえるか、どっちだと思いますか?」

「捨てられたのだもの怒ってほえると思うな」

「いや、殺されるのがわかって、助けてと近寄ってくるかも……」

「私も人間不信になってほえるかと思ったけど、連れてってとすり寄ってくるそうです」

ここで佐野眞一さんが書いた『日本のゴミ』(岩波書店)という本の「第12章・生きものの終り」の一部を読みました。

千葉県動物愛護センター業務課長の福永優は、会うなり、犬猫さえ使い捨てるこうした時代風潮に怒りをあらわにした。「房総半島の九十九里地区では、夏がすぎた頃、一度いってごらんなさい。砂浜のいたるところ、捨て犬、捨て猫だらけです。ペットを連れて遊びにきて、そのまま放置していっちゃうんです。とにかくひどい。電池が切れたおもちゃをポイと捨てる感覚なんです……」。

(千葉県動物愛護センターの建物は)収容棟の中央部に犬収容室と名づけられた五つに仕切られた部屋がある。腰から上のあたりがガラス張りになっており、下部は電動式の鉄柵となっている。捕獲されてきた犬や飼い主から引き取られてきた犬は、まず一番目の部屋に入れられる。

「もうおわかりでしょう。拘留期間が一日たつごとに隣の部屋に移動していくわけです。公示期間は四日。動物の特徴や捕獲場所などを記した公示を市役所の掲示板などに張り出し、飼い主が現れるのを待つわけです。公示期間が最終的に切れる五日目、動物たちは一番奥にある五番目の部屋に移ります。そしてそこから先は、誘導室を経て直接処分室に運ばれるようになっています」

犬猫が処分室に移ったことを確認すると、その部屋に一気に炭酸ガスが注入される。動物たちはこのガスによって知覚神経麻痺を起こし、やがて呼吸衰弱に至り死にます。要する時間は五分足ら

ずで、動物たちに最も苦痛を与えない安楽死の方法だという。死骸は自動的に隣の焼却室に落とし
こまれる。焼却時間の二時間をすぎると、骨の形状すらとどめない真っ白な灰になる。
これら一連の作業は、センター職員の精神的苦痛を考慮してすべて遠隔操作のオートメーション方式によって行なわれている。

「骨灰の処分ですか？　実は近所で梨などの果樹園を営む農家の方に無料でお分けしているんです。肥料としてすばらしいという話です。彼らは灰になってまで人間の役に立っているんですね」

総理府の統計によれば、全国で毎年七十万頭以上の犬猫が、これらの動物愛護センターによって合法的に安楽死処分されている。

「えっ、知らなかった！」。みんな顔面蒼白になりました。

千葉県動物愛護センターに犬や猫が一九九一年に連れてこられた数は、三万二八八一頭。そのうち実験用が四三〇〇頭あまり、飼い主に返還されたのが四四二頭、里親に引き取られたのが二三九頭、残りは処分されたのです。職員のかたの動物保護へのさまざまな取り組みにもかかわらず状況はいっこうに変わりません。アメリカでは、捨てることはしません。飼い主が責任を持って動物病院に連れていき、目のまえで注射して殺してもらうそうです。「家の内装を変えたら犬の色と合わなくなった」「病気でてがかかる」などの理由から処分するというのもあるそうで、年間五百万頭

も処分されているといいます。

「ひどい。アウシュビッツのよう。でも、それを知らないでいたのがもっとひどいのかも……」

「五つの部屋はショックです。人間の都合で捨てられて肥料になって人間に役立っているなんて思ってもみなかった」

「心が痛むわ。現代の病窟を見る気がするわ」

「ペットブームというのがわからない。ブームだから飼ったり捨てたりということ自体、病んでいるなあ。アメリカの方法はかならずしもいいとは思わないけど、殺すという自覚を日本人の無責任な飼い主も持つべきだ。人の手に任せて見えないところで安楽死させてすませるという方法が、捨てられるペットをますます増やしてしまうのでは……」

つぎはかわいがっていた犬が死んでしまったときのことを考えました。全員が業者に委託してお金を払ってお骨にしてもらうという意見でした。

★死んだ犬を清掃事務所が生ゴミとして引き取る?

この問題の意見は分かれました。私の住む鎌倉市では、「かわいがっていたペットです」というと、「手厚く葬ってあげてください」と答え、引き取らないそうです。「生ゴミとして捨てます」というと、手数料千円で引き取ります。「野良犬が死んでいます」というと、無料で引き取るそうです。明らかに飼っていた犬らしいのに野良犬だと言い張る人もいるらしいのです。一九九五年には有料で七十頭、無料で十七頭処分したそうです。これらはゴミといっしょに焼却されるのです。現代では犬はゴミだったのです。

最後に縄文時代に埋葬された犬が発見された千葉県高根木戸遺跡の三頭の犬の写真を見ました。縄文人と現代人、どちらが人間として上なのでしょうか？

今回のセミナーは重苦しい空気になりました。みんなで現代人の病める心の問題を考えました。

「子どもだけでなく、親も教育しなおさないといけないなあと思うわ」

「あまりにもすべてが自分本位になっていて恐ろしい。せめてわが家のなかだけでもしっかりしなくっちゃあ」

「答えはわからないけど、もっとむだな時間をすごせるようになればいい知恵もどこかから出てくると思う」

「自分勝手な面が多いけど、人のことを考えてあげられるようにならないと……」

「人と人とがつらいことや汚いことやすべてをひっくるめて正面から付き合えるようにならないと……。バーチャルリアリティ全盛の風潮、心配だな」

「便利さ快適さ能率のよさなどを追求する科学信仰を反省して生き物としての人間本来の姿を求めたいな」

「コンピューターが日常的なものとなり、子どもたちはゲームやテレビで遊んで、命あるものとふれあう時間が少なくなっているのが心配。できるだけ動物とふれあわせて育てたいと思うな」

もとより答えが明確に見えてくるものではありません。現代の病める心を自覚し、一人ひとりが行動していくことが必要なのでしょう。東京都衛生局の取り組みもこんな視点で見つめ直すとすばらしい行動と思います。

「みんなで考えていこうね」という結論でセミナーを終えました。

「ウーン、重い宿題もらったみたい」。お母さんのつぶやきが残りました。

歴史は庶民の本音を語る!

校長とお母さんの愉快なセミナー・第3回

第3回めのセミナーは庶民の歴史にスポットを当てました。徴兵制のあった時代、庶民の本音や対応はどんなふうだったか考えようと思ったのです。学生時代にこんな切り込みで歴史を学んだ人はほとんどいないだろうと思いました。

〈ACT1〉

★太平洋戦争中のニュース映画を観る

「戦争というと思い浮かぶことはどんなことですか?」

「怖い、いやだ、二度と起こしてほしくないといったイメージね」

「私はB-29が浮かんでくる」

「難民!　どこの国も戦争というと難民が出て悲惨な状況が目に浮かぶわ」

「私はいま、老人ホームのボランティアしてるけど、戦争に行ったというおじいちゃんを思い出すな」

イメージは一人ひとりさまざまなようです。ここで、太平洋戦争中に作られたニュース映画のさまざまな場面を見ることにしました。

①戦時中の学校の様子……子どもたちが鉄棒を上手にくるくる回るシーンや、剣道やなぎなたに打ち込む様子、運動会で戦いの演習を演じる様子、女の子は看護婦として活躍していました。

②おすもうさんの徴兵検査……身長や体重を計る二十歳のおすもうさんのシーン。

③出征の様子……日の丸の小旗で送られる兵士の様子や千人針で兵士の無事を祈る様子。

④看護婦さんの出征……女の人も従軍看護婦として出征していく様子。

⑤馬の出征……たくさんの馬が軍馬として出征していきましたが、一頭も戻りませんでしたというアナウンス。

⑥大陸での戦闘……日本の兵士の勇ましく戦うシーン。

⑦無差別爆撃……日本軍の上海や重慶への無差別爆撃と逃げ惑う中国の人びと。

⑧無言の帰還……日本の戦死した兵士が無言で帰還し、妻たちに遺骨が渡されていく様子。

こんな二十分のＶＴＲでした。

「昔は学校の体育の授業で戦闘演習したりしてたなんて……。いまの子どもたちもゲームで戦ったりしてるけど、戦争を知らない子どもたちは、どう考えていくのだろう？　カッコいいなんて思われるととんでもないわ」

「たくさんの人たちを殺してしまうなんて、すごく怖かったわ」

「見たことのない映像ばっかりで、一般の人のくらしや考えがリアルに感じられた。もっと見たいわ」

「ありきたりだけど、いまの時代に生きててほんとうによかったと思うわ」

「とても悲惨な映像でやりきれない思いがします。でも、ほんとうにあったことで二度と起こしてはいけない」

ＶＴＲの感想はこのようなものでした。


〈ＡＣＴ２〉

★最初の徴兵制度　一八七三年（明治六）「すべての国民は兵役の義務を有す」
常備軍……三年、満二十歳の男子のうち強健な者から徴集
後備軍……常備軍を終えた者で構成（年一度徴集）

★徴兵検査は満二十歳の男子を集めて十二月一日に行なわれました。この日は男子一生中、最大

の［　　］といわれた。

①めでたい日　②厄日

「めでたい日よ。家族でお赤飯たいたりしたんじゃないかなあ。だって、国家がもっと重い時代でしょ」

「私もめでたい日だと思うな」

めでたい日との意見ばかりでしたが、実際は明治時代は厄日といわれていたようです。

「けっこう、本音で生きてたんだな」

さて、徴兵検査で合格しても、全員が兵隊になるとは限りませんでした。一八九三年（明治二十六）には合格者が全国で十二万人いましたが、現役徴集兵となったのは二万人でした。合格者のうち日清戦争前は六人に一人の割合、日露戦争前は二人に一人の割合、日露戦争後は三人に二人の割合で現役徴集兵となりました。

★さて、合格者のなかからどのようにして必要な人数を選んだのでしょう？

①背の高い順に選んだ　②体重の重い順に選んだ　③ジャンケンで決めた

④くじで決めた

「背が高いと遠くの敵を早く発見できるから背の順かも……」

「でも、体重が重いと大砲の砲弾を一人で運べるかもよ」

「意外とくじだったりして……」

「私は体重にしようっと」

この時代、くじ除け神社とかくじ除け観音とかが大繁盛したそうです。ここの神社のお札を持っているとくじが当たらないという評判がたつと人が押しかけたそうです。くじで徴集者を決めたのですね。

「くじって公平かもね」

「でも、意外だったなあ。体重じゃないのねぇ」

「みんな兵隊には行きたくなかったのね」


徴兵検査の除外者には、戸主、体格不良者、長男、養子、洋行修行者、特定学校の生徒・卒業生、犯罪者、代人料二百七十円を支払った者がありました。

★徴兵検査に行きたくないなら、どんな手で兵隊をのがれますか?

「二百七十円払っておしまいならそれがいいけど、高いんでしょ。いまのお金でどのくらい？」

「家が一軒建てられる金額だそうですよ」

「じゃあ、何千万よね。無理だなあ。でも、金持ちはいかなくっていいって不公平よね」

「そうだね。当時もその声が出て、戦争中でなかったら半分でいいことにしたんだそうです」

「それだって高いわよねぇ」

「じゃあ、みんなお金はあきらめだね」（笑い）

「私、罪を犯す。すぐ出てこられるくらいの軽い罪」（笑い）

「犯罪して徴兵をのがれた人はいるとおもいますか？」

「もちろんいたわよ」

「罪科のある者は終身兵役を免除、明治九年九十一名、明治十年九十六名、明治十一年百三十八名、明治十二年百九十二名」

「やっぱりいたんだあ」

「政府は明治十二年に徴兵令を改正して、一年以上の懲役及び国事犯禁獄一年以上の者を終身兵役免除に」

「それでもいたろうね」

「改正を続けて六年以上にしたけど、大正元年では二十歳で百人、二十歳以上で三百三十三人が兵役を免除されています」

犯罪以外も考えました。外国留学のための徴兵延期者は、明治十五年六人、明治二十年二百四十三人、明治二十九年七百六十三人が認められています。また、学業のための徴兵延期者や外国在留での徴兵延期者についても考えました。

「養子ってのもいいかもね」

「いいところに目をつけましたね。当時の新聞には養子縁組の紹介業者の記事がたくさん出たそうですので、養子になってのがれた人も多かったようですね」

このような状況だったので、政府は明治二十二年に徴兵令の大改正を行ない、国民皆兵に抜け道をなくしました。長男も養子も代人料もなしになりました。

〈ACT3〉

★徴兵のがれの逃亡・失踪

「もうあきらめていさぎよく徴兵検査にいきますか？」

「いや、絶対なんか考えたよ」

「逃げる！　徴兵検査のまえに逃亡する人がいたと思うな」

「逃亡・失踪は時効二十年、満四十歳の誕生日がくるまで逃げきると無罪放免になる。二十年間も逃げる人がいたと思いますか？」

「えっ、二十年。無理だわ」

「いや、きっといたわよ。勇敢な人が……」

★逃亡　明治十五年・四一六七人　明治二十年・五九二三人　明治二十五年・五八八七人
明治二十九年・六一八五人　明治二十九年までの逃亡者　合計・七万四八八〇人

この表を出したらみんなびっくり。想像以上の逃亡者の数だったのです。

「みんなだったら、どこに逃げますか？」

「外国が無理だったら、山のなかに隠れるかなあ」

「私も。洞穴を探してそこで住むけど、二十年は長いなあ」

体験談の記録を話しました。東京や大阪の大都市にひっそり住んで暮らした人や、北海道の炭鉱を渡り歩いた人の体験に、逃亡の苦労を知りました。

「さて、神奈川県では明治二十九年までに一千五十三人が逃亡していますが、明治三十五年までに逮捕された人は何人ぐらいいると思いますか？」

「ほとんど逮捕されたんでしょ」

「実際は五人だけ」

「えっ、そんなに少ないの。そうか、テレビもラジオもない時代だものね」

★昭和九年

今年の逃亡	逃亡中	発見	四十歳時効
一八三二人	二万二二五一人	五三一人	一二四九人

「庶民は兵隊に行きたくない人がたくさんいたのねえ。知らなかったわ」
「四十歳まで逃げきるなんてすごいわあ」

このほか、わざと身体を傷つけたり病気のふりをして徴兵検査をのがれた人の話をしました。鉄砲の引き金が引けないように右の人差し指を切り落とした人、照準がつけられないので不合格になるよう右目を潰した人、徴兵検査一月まえから絶食して体重が半分に減った人、目に煙草の草をすりこんで眼病をよそおった人、醤油を一升も飲んで心臓病をよそおった人、さまざまな人がいました。しかし、うそが見つかって処刑された人は、大正六年・六百九十二人、大正八年・八百八十三人、昭和五年・四百三十八人、昭和十一年・八十二人います。昭和の戦争が近づくほどきびしくなっていったことがわかります。

しかし、一般の多くの人が徴兵され戦場で戦死したり、傷ついたりしました。昭和二十年には陸軍・海軍あわせて七百十六万人の人が動員されています。

そして敗戦。一九四五年(昭和二十)十一月に日本の徴兵制は廃止されました。


「徴兵制だけとっても知らないことがこんなにあるんだ。一つ一つのデータから庶民のしたたかさや、ほんとうの思いがあらわれていることに感動した。すごい」

「徴兵制度のなかにあっても、生きていたい、殺したくないという思いの人びとがこれだけいたということにホッとしました。人間は本音の部分では平和を願っているのだなと実感しました」

「いままでこの時代は、お国のために喜び(?)と思っていたと考えていたが違ったんですね。やっぱり家族を戦争で失うのはいやです」

「戦争なんて二度と起こしてほしくない。いまの私たちはしあわせだとしみじみ感じました」

「すべて無知が原因とするなら、教育ってホントに大事ですすねえ」

「いままで聞いたことがなかったことをいろいろ知ることができました。子どもたちにも授業してもらって、親子で話し合いたいと思います。食卓で会話ができる日が楽しみです」

「悲惨な状態が続くなか、一般市民はもちろんのこと、徴兵された人たちの苦しみや怒りの感情が伝わってきました。日本が近代以降、いかにおろかな歩みをしてきたかがわかる。学校の社会科の授業では時間の関係やらで扱えない、あるいは教師自身も知らずに通り過ぎてしまう事柄を取り上げてくださって勉強になりました」

お母さんたちの感想は、初めて知った庶民の歴史に驚きと共感をあらわしていました。小学校・中学校・高校と日本の歴史を三回も学ぶのに、年号の暗記などで大半が過ぎてしまいます。歴史は、国や自己の生き方を学ぶ大切な学問だと感じます。そんな学びに学校も近づきたいですね。

芍薬はやさしさの香り

芍薬《しゃくやく》の花が学校の玄関で、まるで子どもの笑顔のように微笑んでいました。歯科検診に来ていただいた校医の先生を見送って、振り返ると芍薬の花を見つけました。横にかわいい文字で、花の名前と二年生の生けた子どもたちの名前が添えてありました。心が温かくなりました。なぜかふと、俵万智さんの、

〝植物に恋を教えてみたくなりセントポーリア眺めておりぬ〟

という短歌が浮かんできました。

ときどき玄関を華やかに彩る生け花はだれが飾ってくれてるのだろうか、以前から気になっていたのですが、いままでわからずにきていました。二年生の子どもたちに聞いてみようと、放課後に校長室に来てもらいました。

「芍薬の花、とってもきれいだね。ありがとう」

というとニコニコ顔で、

「ミッちゃんのお母さんが、生け花の稽古の帰りに学校に来て、玄関や二年生の教室のまえに生けてくれるの」

「私たちに自由に生けていいよと任せてくれて、最後に直してくれるの」

「これまでにたくさん生けたよ。サンダソニアでしょ。ユリでしょ」

「アストロメディアも生けたよ」

と話してくれました。なんてすてきなお母さんなのでしょう。とってもうれしくなりました。

私も以前に勤めていた学校の廊下が暗かったので、毎週、お小遣いをはたいて数箇所に花を生けていました。結構、花代も馬鹿にならず、「近くの教室の先生がバトンタッチしてくれたらいいな」と思ったことがありました。三か月くらいたって、自主的に引き継いでくれる先生がでてきたのを思い出しました。

学校に花があると、子どもたちも先生も心がなごみます。そしてなぜかやさしくなるのです。家庭でも花と無縁の生活を続けると、家族間がギスギスしてくるという報告もあります。花々は無言のうちに人間の心を癒してくれるすばらしい特性がありますね。

お花を生けつづけてくれたお母さんにお礼の手紙を書きました。また、『校長室だより　サウス・ウインド』でも紹介し、感謝の気持ちを伝えました。

数日して、そのお母さんからお手紙が届きました。

お手紙わざわざありがとうございます。校長先生のサウス・ウインド毎回楽しみにしているのですが、まさか自分のことが載るとは思ってもみなかったので驚きました。お花を生けるとはいえ、私はまだ勉強中の身で、しかも手入れが行き届かず、かえって枯れた草花を放置しっぱなしではご迷惑?……と思い返すことが多いのです。

お花を生けたい！　と子どもたちが集まってきてくれるのはうれしい限りです。茎が切れて花だけになってしまったものでも大切に水につけてあげようとしたり、お花にとってお水はご飯だから食べられないとお腹が空く……、と心配して気配りしてくれたりする様子は大人の私が反省させられ勉強させられます。校長先生に「ありがとう」と言っていただいて、微笑む子どもたちの表情が目に浮かぶようです。

私事ですが、数年前、私は病床生活を送りました。病気というのは美しいものではないと痛感させられました。そんなとき、花は心に染みるものでした。未央柳の美しい黄や長く湾曲した多数の雄しべなどがいまも脳裏に焼きついて離れません。それら病院の庭に咲く花が数少ない楽しみの一つでした。いまは元気で外を歩いたり、花を子どもたちと生けたりして楽しむことができてほんとうに幸せです。

私の習っているお花の先生は小原流のかたですが、私が学校にお花を生けこんでいるのを知っていて、よく無料でお花をいただけます。「お花はみんな好きだものねえ、ないと寂しいものねえ」というのが先生の口癖です。またほかに三〜四人から庭や畑のお花をいただけます。それらのかたにも校長先生のサウス・ウインドの話をしたいと思います。ありがとうございました。かしこ

心に温かさが染みこみました。『サウス・ウインド』も楽しみにしてくれていて、発信してよかったなと思いました。学校は、善意の人びとに支えられて豊かになっていきます。そんな善意にふれるたびに、力がわいてきます。

タイから先生たちがやってきた

タイの先生が十八人、小型バスで学校にやってきました。

「サワディ・カー」

「サワディ・クラップ」

子どもたちは覚えたばかりの「こんにちは」の挨拶を教室の窓から大合唱しました。（タイでは女性と男性の言葉が微妙に違うのです。）タイの先生はみんな大喜びで、両手を仏教式に合わせてていねいに「サワディ・カー」と挨拶を返してくれました。

「タイから小学校や幼稚園の先生たちが日本にやってきて、日本の小学校を参観したいといってるけど、千葉さんの学校を参観させてくれませんか？」

国学院大学の里見実先生から電話がありました。

「私のところでよかったら、どうぞ」と返事しておいたのです。

タイで幼稚園を経営している武藤さんから何度かファックスをもらい、連絡を取っていたのですが、きょうの訪問になったのです。

最初は二年生のクラスへ案内し授業参観しました。二年生は音楽の時間でした。子どもたちの歌い踊る姿を見つめ、タイの先生たちは楽しそうにリズムを取っていました。

「いっしょに踊ろう！」

子どもたちの呼びかけで、日本の伝統の「かごめかごめ」や「はないちもんめ」をいっしょに踊りました。

「タイの遊びを教えて！」とリクエストしたら、〝虎さんと牛さん〟という遊びを教えてくれました。みんなが手をつないで円をつくり、虎と牛の役を一人ずつきめます。牛の役の子が円のなかにはいり、虎の役の子が円の外に出ます。スタートの合図で虎は円のなかにはいり、牛をつかまえようとします。手をつなぐ円の子どもたちは虎を入れまいと両手でブロックします。この遊びをすぐに理解した二年生は楽しそうにいっしょにゲームしました。

つぎの時間は、各教室を自由に訪問してもらいました。どのクラスも、にっこり迎えていました。十八人の先生のうち日本語を話すのは一人、英語を話す人は三人だけで、あとはタイ語を話す先生たちだけなのに、日本語しかできない子どもたちがボディランゲージで交流しています。

タイのコインをもらって微笑む子や、サインをもらって喜ぶ子など、それぞれに交流しているのです。控え室の図書室にはたくさんの子どもたちがやってきました。うちの学校の子どもたちもこんなに国際化したのかとうれしくなりました。

「あれっ、武藤さんじゃない?」と、川上先生がはいってきました。NGOのメンバーとしてタイに渡って十七年、現在はバンコックで幼稚園を経営している武藤さんという日本人が今回の責任者だったのですが、川上先生は、大学時代に障害児の合宿のボランティアをいっしょに手伝っていたそうです。二人は十七年ぶりの再会に話が弾みました。こんな偶然もあるのですね。

「おおらかで、開放的なすばらしい子どもたちですね」

タイの先生にほめてもらいました。国際理解は英語を話せるようになることではありません。世界の人びとと仲よく付きあうハートを磨くことですね。

「日本のホテルは困りますね。ホテルの部屋の有料テレビ、日本語がわからなくてスウイッチを押してしまい、出てきたポルノ映像にびっくり。そのうえ、料金を請求されてさらにびっくり。千円稼ぐのに大変な国なのにほんとうにかわいそうでした」

そんな武藤さんの言葉に恥ずかしくなりました。国際理解は大人にとっても課題のようです。

大漁だった地引き網

海の近くの学校なのに、子どもたちはまだ地引き網の体験をしたことがないというので、「小学校にいるあいだに一回は子どもたちが地引き網を体験する機会を持たせたいね」と話したら、先生たちも子どもたちも乗ってきました。漁業に携わっている保護者にお願いしたら、格安な値段で地引き網を引かせてもらえることになりました。六月が一年中でもっとも魚がはいるということなので、梅雨が心配でしたが、全校で取り組むことになりました。

各クラスとも捕った魚でバーベキューを計画したり、理科の解剖を勉強しようと計画したり、さまざまなプランを用意しました。

当日は朝から雨模様でした。

「雨ですが、大丈夫でしょうか」

「一時間もすればいい天気になるよ。少し遅れて始めましょう」

天気予報が明るかったので、心配顔の教頭先生に、三十分遅らすよう連絡してもらいました。やがて雨もやみ、陽が差してきました。子どもたちは喜んで出発しました。海岸に着いたら、四年生のお母さんたちがバーベキューの用意を終えていました。

「さあ、たくさん取ってくださいね」

「校長先生も仲間に入れてあげる」

地引き網のあとは、四年生はお母さんたちといっしょにバーベキューを楽しむことになっているそうです。お母さんたちの顔も弾んでいました。

砂工作をしたり、きれいな貝を拾ったりしているうちに時間がきました。漁師さんの説明を真剣に聞き、いよいよ地引き網の開始です。二手に分かれて網を引きました。

「もっと力を入れて引っ張ってぇ」

「右手が遅れてるから、左はゆっくり引こう！」

漁師さんの指示に子どもたちも素直にしたがって頑張っています。一年生はほっぺをまっ赤にしています。

地引き網は大漁でした。アオリイカにコノシロ、ボラ、小アジ、さらに大型のクロダイまでも網にはいりました。

「あっすごい、大っきい！　あれ、タイでしょ」

「さわりたーい！」

子どもたちも先生も興奮ぎみです。

「最近にない豊漁だよ。よかったねぇ」

漁師さんも笑顔で話してくれました。初体験は大漁でラッキーでした。

「この大きいイカはどの学年に分けようか」

「うちだよう」

子どもたちは必死です。学年ごとに分配した魚は、それぞれおいしい料理に変身しました。私もイカの刺身をたくさん作りました。そして、子どもたちのおなかにおさまったのです。

「ほんとに楽しい計画を実行していただいてありがとうございます」

保護者のかたから何人にも声をかけていただきました。

「海の近くの学校に勤めているのが、地引き網をやって実感できました」

という先生の本音も聞けました。たくさんの保護者のみなさんや地域のみなさんのおかげで、子どもたちはすてきな体験をすることができました。

学校は、地域と共にありますね。

職員旅行はアクティブに！

年一回、学校では先生たちの親睦旅行があります。最近は泊まりがけの旅行が敬遠されて、食事会に替えるところも多いと聞きます。きっと温泉にはいって宴会し、カラオケで騒ぐというワンパターンの内容が飽きられたのと、先生の年齢が高くなり、同僚といっしょよりも自分の家族や友達と旅行するほうが楽しいやという個人派が増えてきたのでしょう。

「校長先生、旅行はどこへいきたいですか？」

親睦会の幹事の先生が相談にきました。

「どこか遠くで普段やらないことをやって、リフレッシュするのがいいな」

「北海道なんかは、どうですか？」

「札幌ラーメンを食べに一泊するなんてオツだね」

「カヌーで川下りなんてのもありますよ」

「自由行動する時間があって、体験もできて、おいしいものも食べられて、そのうえ、すてきなホテルに泊まりたいというのがみんなのだした要望です」

「わがままだねえ。これを全部満たしたら、すごい幹事だよ」

こんな話があって数日後、幹事は北海道一泊の親睦旅行を提案しました。

早朝、羽田をたって千歳へ。美々川を二時間カヌーで自力で下り、札幌のホテルで汗を流し、ビアガーデンで心ゆくまで飲食する。二日目は自由行動で各自がわかれて行動し、三時に小樽の寿司店集合というプランでした。例年にも増してたくさんの参加者がありました。

美々川では、二、三名ずつ分乗したカヌーが川に浮かびました。経験者はゼロ！　説明を五分ほど受けただけでもう川の上です。

「右、右に曲がって！　ブッシュに突っ込む！」

「こっちに来ないで。寄らないで！　ぶつかるっ！」

もう大騒ぎ。それでもだんだん要領をつかんで、カヌーは快調にすべりだしました。汗びっしょりになったけど、どの顔も満ちたりた笑顔、笑顔でした。すてきなホテルでシャワーを浴び一息ついて、ジンギスカン食べ放題のビアガーデンへ向かいました。笑い声がジョッキーを瞬く間に空にしていきます。

「もうおなかいっぱい！　ラーメンは明日にする」

うれしい悲鳴の連続でした。

「いや、絶対ラーメン横丁に行くぞ！」

「私も負けないでラーメン食べるわ」

結局、三人でラーメンを食べ、さらにビールを飲み、大いに話しこみました。


二日目は、めいめい分散して思い思いの行動です。久し振りに友人に会って食事でもしようかと思ったら、

「いっしょにジャンプ場でサマージャンプの練習を見ませんか？」と誘いの電話。

「大通公園でとうもろこしを食べるの付き合ってくれたらいいよ」

かくして六人で迫力満点のサマージャンプを近くから見学しました。縄文遺跡を見にいったグループや石原裕次郎記念館に向かったグループがありました。

小樽では、井上先生とワイン館でワインのフルコースを飲みながら、障害児学級の今後の経営について話が弾みました。みんなで食べたお寿司も美味。

「遠くへ来ると、連帯感が深まりますね」

「来年は韓国へ行きましょう?」

帰りの飛行機ではリフレッシュした顔が並びました。先生たちは二学期を弾んで迎えました。

おわりに

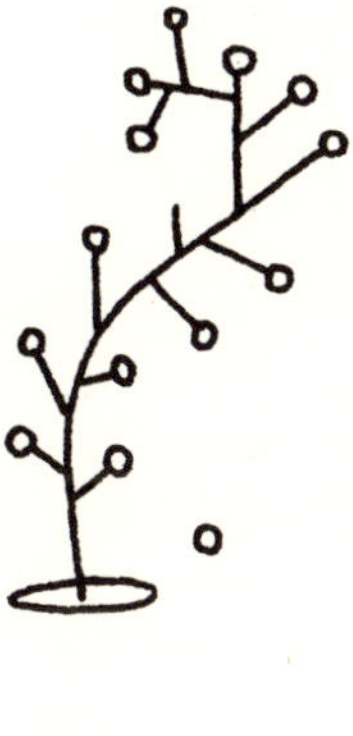

サン＝テグジュペリは『星の王子様』で、「おとなは、だれも、はじめは子どもだった。しかし、そのことを忘れずにいるおとなは、いくらもいない」と書いています。学校は子どもたちが生活する場所です。子どもの心を持ちつづけている教師が必要だと思います。私の実践に意味があるとしたら、それは子どもの心をいまだに持ちつづけていたからかもしれません。

子どもの心には好奇心がいっぱいつまっています。その好奇心を刺激して、「あこがれ」や「理想」をもって生きていくことのすばらしさを教えたいと思います。

司馬遼太郎さんが子どもたちに書いた「二十一世紀に生きる君たちへ」というエッセーがあります。歴史や自然から学ぶことの教訓をやさしい文章で書いてあります。そのなかに、若い世代が身につけるものとして、①いたわり、②他人の痛みを感じること、③やさしさ、の三つが挙げられています。そして最後に、「君たちはつねに晴れあがった空のように、たかたかとした心をもたねばならない」（朝日新聞「高橋庄太郎の目」欄）と書いておられます。なにかと暗い話題が多い学校教育ですが、こんなときこそ、子どもの心を大切にして、「あこがれ」を持ち、「明るさ」を正面にかかげて進もうと思いました。

赴任して一年十か月が過ぎました。

休み時間になると、皿回しに子どもたちが校長室にやってきます。どの顔も、のびやかで楽しそうです。壁には、〝むずかしいことを　やさしく、やさしいことを　ふかく、ふかいことを　ゆかいに〟という井上ひさしさんの書斎の言葉が貼ってあります。子どもたちにとって、学校が理屈ぬきに楽しい場所になるように、肩肘はらず自然体で、子どもたち、先生、保護者、地域のかたがたと接してきました。学校の素顔をあるがまま見せるように、バリアを取り除くとり組みを進めました。

そして、「明るさ」が子どもたちを大きく育てることに確信がもてるようになりました。二〇〇〇年の秋には、「教える」から「学び」へというテーマで、公開研究会を開催したいとも考えています。

教育長から、「新しい風を吹かせてほしい」と激励されて出発した新米校長も、なんとかヨチヨチ歩きできるようになりました。温かく支えてくれた三浦市立旭小学校の子どもたち、先生がた、

ＰＴＡのみなさん、三浦市の校長先生がた、教育委員会のみなさん、教育委員のみなさんに最大の感謝をささげます。

また、私の仕事を一冊の本にまとめてくださった太郎次郎社の浅川満さんに感謝します。

二〇〇〇年一月十日

千葉　保

学校にさわやかな風が吹く
新米校長の愉快な学校づくり

二〇〇〇年三月十四日初版印刷
二〇〇〇年三月二十三日初版発行

著者　千葉保
装丁　箕浦卓
イラスト　津々井良
発行者　浅川満
発行所　株式会社太郎次郎社
東京都文京区本郷五—三二—七　〒一一三—〇〇三三
編集　浅川満
印字　株式会社コーヤマ
印刷　株式会社平河工業社（本文）＋株式会社文化印刷（装丁）
製本　株式会社難波製本
定価　カバーに表示してあります。
ISBN4-8118-0655-7 C0036

千葉保（ちばたもつ）
一九四五年、宮城県生まれ。
一九七〇年、神奈川県鎌倉市公立小学校教員。
一九九八年、神奈川県三浦市立旭小学校長。

★著書
『日本は、どこへ行く？　使い捨てカメラ・ハンバーガー・日の丸の授業』（太郎次郎社）

★共著
里見実編著『地球は、どこへ行く？　ゴルフ場・再生紙・缶コーヒー・エビの授業』（太郎次郎社）
依田彦三郎編著『ゴミは、どこへ行く？　自動車・原発・アルミ缶・汚水の授業』（太郎次郎社）